自然科学通识系列
General **S**cience

科学理论手册
宇宙·地球·生物篇

［日］大宫信光_____ 著   崔江月_____ 译

机械工业出版社
CHINA MACHINE PRESS

宇宙、地球和生命起源于何处，是人类自诞生以来就一直在努力思考的问题。从大爆炸到太阳系形成的标准理论，从宇宙大尺度结构到膜宇宙，从板块构造说到雪球地球假说，从宇宙胚种说到 RNA 世界学说，随着科学的发展，人们相继提出了解释世界万物的各种理论。

本书分为宇宙篇、地球篇和生物篇，精选了从空间到生命的基础科学理论，并用通俗易懂的语言和生动形象的插图进行了讲解，使读者能轻松明白这些深奥的知识。打开本书，让我们一起探索神秘的自然科学。

KAGAKURIRON HANDBOOK 50 UCHU · CHIKYU · SEIBUTSUHEN

Copyright © Omiya. Nobumitsu 2008

Original Japanese edition published by SB Creative Corp.

Simplified Chinese translation rights arranged with SB Creative Corp.,

through Shanghai To-Asia Culture Co., Ltd.

北京市版权局著作权合同登记　图字：01-2019-7771 号。

图书在版编目（CIP）数据

科学理论手册. 宇宙·地球·生物篇 /（日）大宫信光著；崔江月译. — 北京：机械工业出版社，2022.7
ISBN 978-7-111-71173-5

Ⅰ.①科⋯　Ⅱ.①大⋯②崔⋯　Ⅲ.①科学知识－普及读物
Ⅳ.①Z228

中国版本图书馆 CIP 数据核字（2022）第 117763 号

机械工业出版社（北京市百万庄大街22号　邮政编码100037）
策划编辑：蔡　浩　　　　　　责任编辑：蔡　浩
责任校对：韩佳欣　张　薇　　责任印制：张　博
北京利丰雅高长城印刷有限公司印刷

2022年10月第1版·第1次印刷
130mm×184mm·8印张·157千字
标准书号：ISBN 978-7-111-71173-5
定价：59.00元

电话服务　　　　　　　　　网络服务
客服电话：010-88361066　　机 工 官 网：www.cmpbook.com
　　　　　010-88379833　　机 工 官 博：weibo.com/cmp1952
　　　　　010-68326294　　金 书 网：www.golden-book.com
封底无防伪标均为盗版　　　机工教育服务网：www.cmpedu.com

前　言

本书旨在打造一个能够游览宇宙、地球以及地球上生命形式的"主题乐园"兼"向导地图"。这个乐园将科学家们发现的重要理论以独特的方式重新呈现出来。

另外它还是一座"知识世界的档案馆"。希望大家能觉得本书有意思，并沉浸在这片闲适安乐的世界中。

在浩瀚宇宙中漂浮的地球的怀抱中进化而来的生命体，而今想要出发去太空旅行。但愿这能给大家带来"神秘科幻小说"的感觉。

同时本书意图与同系列的《物理·化学篇》一起，打造一艘个人读书的"宇宙飞船"，向着精彩的科学宇宙出发，而后归来。

祝愿您在阅读之旅中获得丰收！

大宫信光

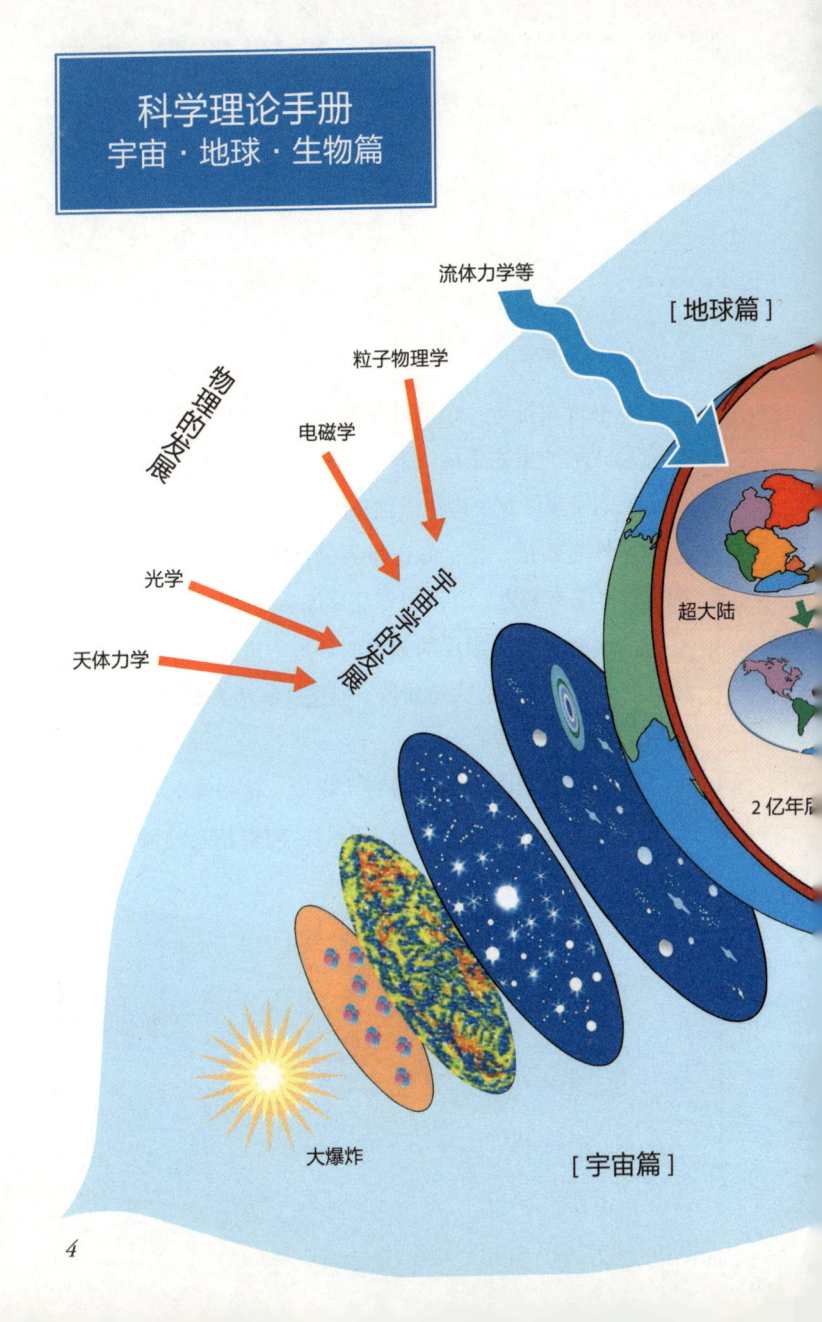

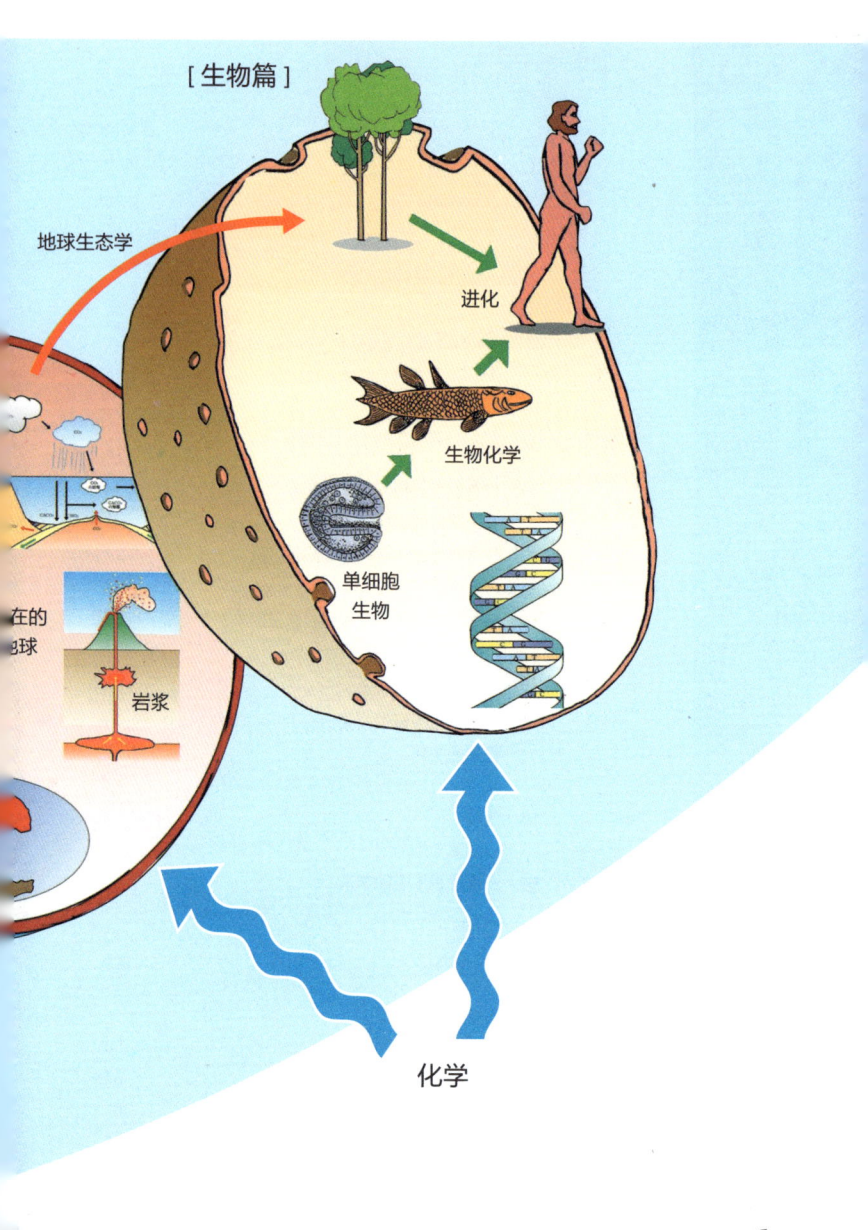

目　录

前言

宇宙篇

第1章　太阳系 13

- 01　日心说是近代天文学的起点 14
- 02　太阳系形成的标准理论 18
- 03　从微行星进化而来的太阳系行星 24
- 04　形成月球的大碰撞 28
- 05　从冥王星降级风波来探索彗星的故乡 32

第2章　恒星的世界 37

- 01　太阳是如何诞生、成长的 38
- 02　恒星的演化
  　　星空中可以看到太阳的未来 43
- 03　变星
  　　"丈量宇宙的尺子"——造父变星 48
- 04　白矮星是太阳的未来
  　　再之后是什么呢 52

第3章　奇异的天体 57

- 01　褐矮星和红矮星
  　　恒星的命运由质量决定 58
- 02　超新星爆发是恒星的自爆 62
- 03　中子星是"龙蛋"吗? 67
- 04　黑洞 72

第4章	**星系**	77
01	银河系	78
02	旋涡星系的动力	83
03	星系的形成和宇宙大尺度结构	88
04	暗物质	92

第5章	**宇宙的诞生与终结**	97
01	宇宙膨胀说	98
02	宇宙诞生于大爆炸	102
03	暴胀理论	107
04	宇宙的终结	110
05	膜宇宙	114
06	人择原理	118

地球篇

第6章 地球的诞生与成长 ·········· **123**

01 从残渣中诞生的地球 ·········· 124

02 地球的结构 ·········· 128

03 地壳为什么分为海洋地壳和大陆地壳 ·········· 133

04 大气和海洋的起源 ·········· 137

第7章 大陆的变迁 ·········· **141**

01 大陆诞生并成长 ·········· 142

02 超大陆反复分裂与聚合 ·········· 147

03 火山与地震关系密切 ·········· 152

第8章 大气和海洋的变迁 ·········· **157**

01 气候系统
碳循环模型 ·········· 158

02 大洋环流 ·········· 164

03 冰河时期
雪球地球假说 ·········· 169

生物篇

第9章　生命的起源 ······················· **177**

01　生命从星系的化学演化中诞生 ············ 178

02　最初的生命是在哪里诞生的 ············· 182

03　RNA才是原始生命之源
　　RNA世界学说 ························· 187

04　最初的细胞是怎样产生的 ·············· 192

第10章　生物的进化 ······················· **197**

01　原核生物发明了光合作用 ·············· 198

02　向真核细胞进化 ····················· 203

03　从单细胞生物到多细胞生物 ············ 208

04　动物和植物很相似 ··················· 213

05　寒武纪生命大爆发 ··················· 217

06　花儿为什么会开 ····················· 222

07　动物的进化和发展 ··················· 227

第11章　从基因组到生态系统 ·············· **233**

01　反义基因 ·························· 234

02　发现RNA新大陆 ···················· 240

03　基因组印记 ························ 244

04　植物将对宇宙的梦想寄托在人类身上 ······ 248

05　人类是全新的生物群 ················· 252

宇宙篇

第 5 章
宇宙的诞生与终结

第 4 章
星系

第 2 章
恒星的世界

第 1 章
太阳系

第 3 章
奇异的天体

第1章 天的色

日心说是近代天文学的起点

人们是怎样认识到，看起来像是太阳绕着地球转，但实际上却是地球绕着太阳转的呢？

■ 理论概要

在我们看来，太阳仿佛从地平线升起，在天空中移动，然后在另一侧的地平线落下。但有人推翻了眼前看到的这一现象，认为这只是看起来如此，实际上恰恰相反，地球在自转，并围绕着太阳公转。这个人就是大家熟知的尼古拉·哥白尼（1473—1543）。

在哥白尼以前，古希腊就有人认为地球是转动着的。他就是在科学上取得杰出成就的阿利斯塔克（约公元前310—前230）。他提出了地球在自转，水星、金星、地球、火星、木星五个行星以太阳为中心公转的学说。当时土星、天王星、海王星还没有被发现。但是，他的学说没有为人们所接受，在此后很长一段时间里，地心说占据着统治地位。其实古代的人们就已经非常仔细地观察天体运动，并且知道了一些单纯靠地心说无法解释的现象。

譬如，行星正如其名，仿佛在星空中"行走的星星"，有时候还会逆行，十分奇妙。水星和金星根据季节不同亮度会发生变化，这是因为它们与地球的距离发生了变化。太阳在天空中移动的速度会根据季节不同而发生变化，人们对这种速度变

14

宇宙篇 第1章 太阳系

化的测量已经达到了相当精确的程度。

于是，为了使地心说符合这些实际观测，地心说支持者们提出了各种各样的设想，如图1所示的均轮、本轮等模型。

这些古代宇宙论的特征是观测得越详细，体系就变得越复杂。哥白尼在其著作《天体运行论》中批判了这一点。

他打了一个比方："他们所做的，只是将四肢、头颅及其他部分拼凑起来（虽然每一部分都很出色，但并不能形成一个完整的身体），与其说在造一个人，不如说是在造一个怪物。"为了能够找出更为妥当的方法，他仔细研读了古希腊的文献，然后发现了阿利斯塔克的学说。

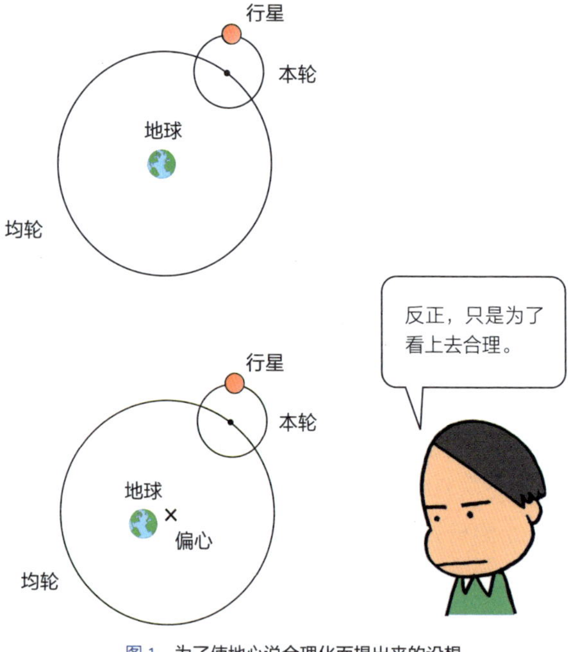

行星

本轮

地球

均轮

行星

本轮

地球

×

偏心

均轮

反正，只是为了看上去合理。

图1 为了使地心说合理化而提出来的设想

15

哥白尼并不是简单地复活阿利斯塔克的日心说，他在著作中详细记载了日心说涉及的测量方法和计算方法，任何人都可以用同样的方法重新测量年的长度及各行星的公转半径。这才是哥白尼被视为日心说创立者的理由。阿利斯塔克"古代哥白尼"的称谓，是追溯回去起的。

■ 理论产生的背景

此时恰逢大航海时代来临，许多冒险者开始组织远洋航行。在没有任何标志物的茫茫大海，船队所依靠的就是指南针和星图星表。当时人们使用的是一千多年前的《天文学大成》中收录的星表。星表也被称为恒星目录，是记载了恒星位置、星等（亮度）之类的数值以及特征的天体目录。但是这个星表存在不少问题，特别是行星的位置，总是有几度的误差。

另外还出现了一个问题，一年的长度比当时使用的儒略历要稍微短一些，导致儒略历上的季节与实际的季节之间产生了约10天的差异。而向这些问题发起挑战的人，就是哥白尼。

■ 理论的发展

《天体运行论》只印刷了很少量，经过修订，由老师传给学生，从一个人手中传到另一个人手中，就这样慢慢传播开来。然而，日心说的发展遇到了三大阻碍（图2）。

第一个阻碍是宗教的阻碍。乔尔丹诺·布鲁诺（1548—1600）到处热情宣传哥白尼的学说，后来被处以火刑；伽利略（1564—1642）也遭到宗教裁判所审判，留下了"但地球仍然在动"这句著名的话。

第二个阻碍是当时没有证据证明地球真的在动。不仅如此，由于当时人们对亚里士多德运动论深信不疑，假设地球围绕着太阳转，时速达到约十万千米，那么地球上所有的东西都会被甩落。这个疑问后来由伽利略做出了解答。

第三个阻碍是哥白尼自身对正圆的执着。他是一名教士，受到宗教先入为主观念的局限，认为"神圣的天界必定是完美的正圆形"。在他的太阳中心天文学体系中，行星的轨道是正圆形的。因此，没能得出与实际观测一致的结果。

德国的开普勒通过对丹麦天文学家第谷·布拉赫（1546—1601）观测到的精确数据进行不懈的分析，最终确定行星的轨道不是正圆形，而是椭圆形，从而突破了第三个阻碍，并且启发了牛顿的万有引力理论。

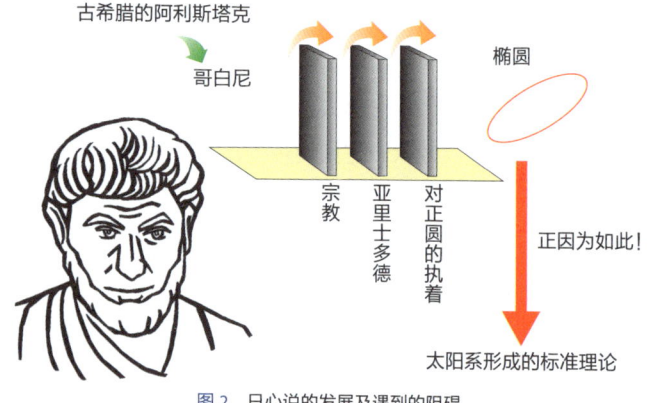

图2　日心说的发展及遇到的阻碍

太阳系形成的标准理论

太阳系的行星轨道面呈圆盘状，行星朝着同一方向公转。由此我们可以推测"原始太阳的周边存在着某种圆盘状的东西，行星在其中形成"。

■ 理论概要

46 亿年前，漂浮在银河系的星际云中，密度特别高、温度低的部分，成了太阳系的诞生地。这部分叫作分子云核或暗星云。

星际云的主要成分是氢气（H_2）和氦气（He），另外还有 CO、HO、H_2O、SiO_2 等成分。这些成分密度较高的地方就是分子云核，可见光无法透过其中，呈现为一团暗星云。分子云核缓慢旋转，大约 10 万年后收缩，温度变高，中心处形成原恒星开始发光。同时，分子云核的旋转速度逐渐加快。开始时由于引力更强，收缩不断进行，到了某个时间点，内部的压力开始与引力抵消，收缩随之停止。

但是，旋转轴方向没有压力，因此该方向继续收缩，分子云核变成了扁平的圆盘状。这些旋转的核心物质，受离心力影响，没有落在原恒星上，而是形成了原行星盘（图 3）。这个阶段，原恒星和圆盘都被分子云遮住了，从外侧观察不到可见光，但可以看到周围吸收了热量的分子云放射出来的红外线。

原行星盘的 98%~99% 是氢气和氦气，只有极少部分是固体的尘埃。尘埃沉积在气体圆盘的赤道面，不久后尘埃沉积层

宇宙篇　第1章　太阳系

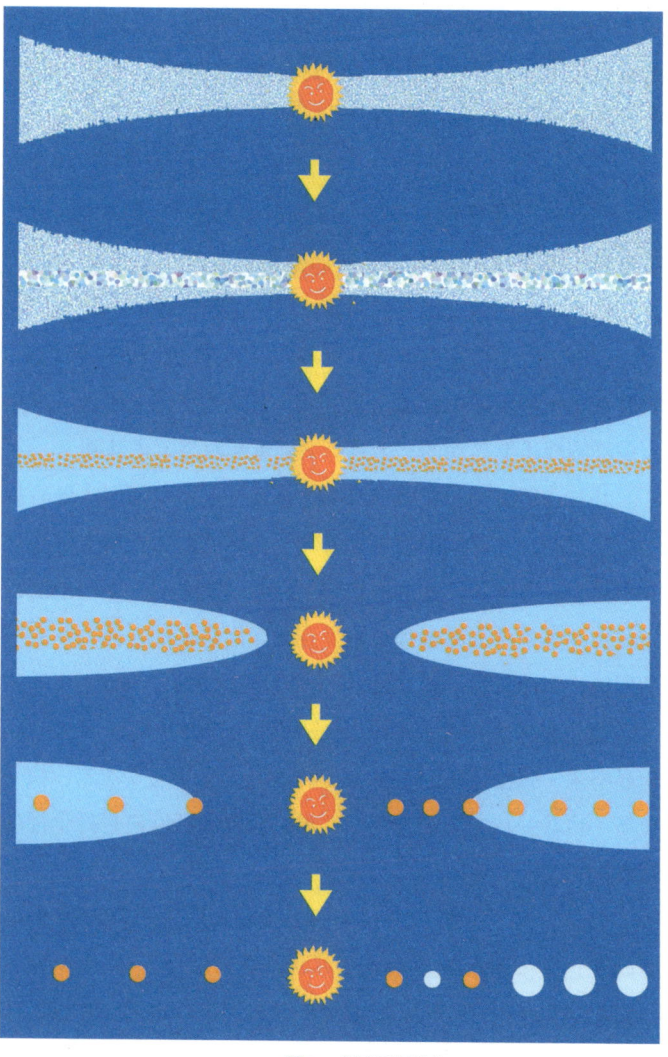

图 3　太阳系的形成

受自身引力不稳定的动态推动开始分裂，产生微行星。这些直径 1~10 千米大小的小天体，大约有 100 亿个。就这样，无数的微行星围绕着原始太阳转动。这是发生在原始太阳诞生后数十万年到数百万年间的事情。

■ 理论产生的背景

地心说使用了太多圆周运动来进行说明，非常复杂。因此用地心说来论述太阳系的起源，也不是件简单的事情。另一方面，开普勒坚持不懈地计算第谷·布拉赫观测到的精确数据，最终从正圆的束缚中解放出来，认为行星是在以太阳为一个焦点的椭圆轨道上运动的，为解释太阳系起源奠定了基础。

并且，所有的行星轨道基本上都在同一个平面上。各行星的自转方向及其周围的卫星的公转、自转方向，大体上都在这一平面上，与行星公转方向相同。这些现象表明，太阳系的行星或许并不是从未知的地方聚集到太阳周边来的，而是在太阳的周边，存在着扁平的"星云"，行星就是从中产生的。

最先思考太阳系是如何形成这个问题的，是德国哲学家伊曼努尔·康德（1724—1804）和法国天文学家皮埃尔·拉普拉斯（1749—1827）。他们的"星云假说"可以说是科学性的假说。

但是，接下来直到 1969 年，在后来的宇宙科学发展的基础上，太阳系形成理论才在苏联科学家维克托·萨夫罗诺夫（1917—1999）的推动下定量稳步发展起来。进入 20 世纪 70 年代，在恒星的形成理论研究方面非常著名的京都大学林忠四郎的团队解释了萨夫罗诺夫的理论，完成了太阳系形成的设想。这一设想被称为"京都模型"。20世纪80年代，萨夫罗诺夫的假说和京都模型被广泛接受，成了太阳系形成的标准理论。

■ 理论的发展

从20世纪80年代到90年代，哈勃空间望远镜等高性能望远镜的陆续问世，为标准理论提供了证据。然而，随着观测技术的发展，1995年天文学上有一个大发现动摇了标准理论。这个发现是怎么来的呢？请看下面说明。

原来开普勒也为太阳系形成理论做出了贡献啊！不过他本人可能并没有意识到这一点。

现在的太阳系形成理论的主流是"标准模型"（星云假说），但是在这之前，科学家们提出了不同的假说。

18 世纪康德 – 拉普拉斯的假说

物质从旋转的太阳喷出，形成圆盘状的星云。星云气体慢慢聚集形成行星。

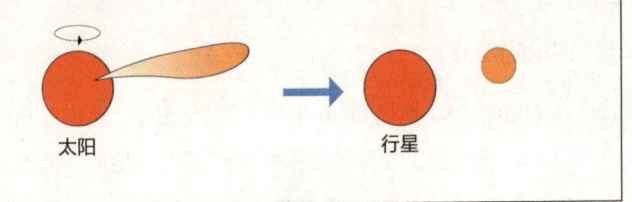

20 世纪上半叶　偶遇假说

当其他的天体通过太阳附近时，受到该天体引力作用，气体从太阳猛烈喷出，这些气体聚集后形成行星。

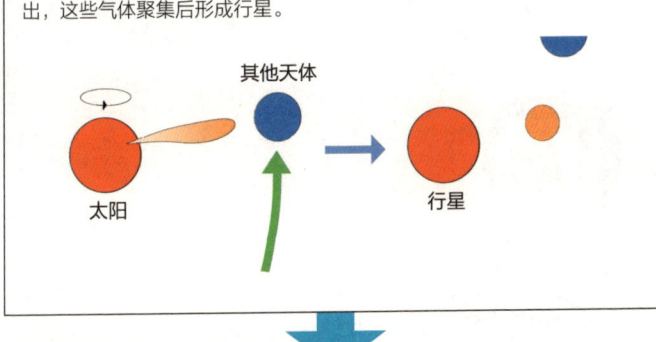

20 世纪 60 年代　萨夫罗诺夫的假说

太阳和圆盘状的星云（原行星盘）同时形成，其中产生了许多被称为微行星的单个小天体，这些小天体相互碰撞合体后形成行星。

宇宙篇　第1章　太阳系

20世纪70年代　京都模型

京都大学林忠四郎的团队解释了萨夫罗诺夫的假说，完成了太阳系形成的设想。

成为太阳系形成的标准理论

20世纪80年代—90年代

随着哈勃空间望远镜等高性能望远镜的问世，行星形成领域的观测得到快速发展。

・标准模型提出的圆盘有50%以上的概率存在于诞生不到1000万年的年轻恒星周边
・圆盘的质量和标准模型假定的质量几乎一致

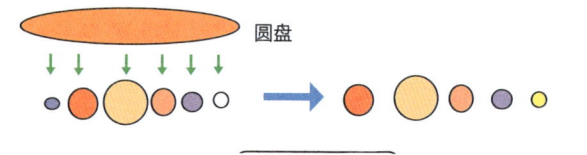

如果这个标准理论正确，其他的恒星周围应该也有行星。寻找系外行星，从50年前就已经开始了。

但是到1995年以后，实际上发现的大多是偏离标准理论的特异行星！

这些行星被称为偏心轨道行星。

图4　太阳系形成理论的历史

23

从微行星进化而来的太阳系行星

尘埃聚集后形成行星。

理论概要

尘埃粒子在太阳周围形成的气体圆盘即原行星盘中聚集，形成了无数的微行星。这些微行星直径最大不过 10 千米，在气体圆盘中绕着原始太阳旋转。它们的轨道并不一定是圆的，并且相互之间有冲突。但气体的存在使得它们之间的相对速度较低，这些微行星更倾向于聚集在一起。其中稍微大一点的微行星占据了优势，不断吞噬相近轨道的微行星，变得越来越大。周围的微行星消失后，成长随之停止。

在比现在的小行星带更接近中央星的领域，原始太阳引力的作用很强，大型微行星只能聚集附近的微行星，形成了直径数千千米、质量相当于火星质量的原始行星。这些原始行星是岩质的。

但是，它们成长速度很快。因为微行星数量众多，公转速度也大，碰撞频率很高。此外原始行星相互受到对方引力的作用摄动，轨道交叉，碰撞猛烈，从而形成了类地行星（水星、金星、地球、火星）。

在比小行星带更远的领域，温度较低，冰质等固体材料丰富。冰质比岩质尘埃总量更大，微行星也变成冰质的。太阳引力作用小，原始行星的轨道间隔宽，很少相互碰撞，原始行星在广阔的空间中缓慢地成长。它们又被称为行星胚胎。

原始行星和行星胚胎的特征是，周围围绕着氢、氦等气体，形成了大气。行星胚胎会吞噬周边的微行星，有时候还会与其他的原始行星发生碰撞，逐渐成长。随着行星胚胎的成长，其周围围绕着的大气量也增加了。等成长到地球质量10倍左右的时候，行星胚胎开始通过吞噬周围的气体而迅速成长，最后形成了巨大的气态行星，即木星和土星。行星环和卫星也在这个时期形成。

在比土星更远的地方，行星胚胎的成长需要的时间更长，到固体核形成的时候，圆盘气体已经消失了。因此，形成了周围几乎没有气体覆盖的天王星和海王星这样的冰巨行星（图5）。

内行星	类地行星（岩质行星：行星核主要由岩石构成）		水星
			金星
			地球
			火星
外行星	巨行星	类木行星（气态巨行星：行星核主要为冰和岩石，并且周围围绕着大量的氢和氦）	木星
			土星
		类海行星（冰巨行星：由固体构成的行星核周边围绕着少量的氢、氦和甲烷）	天王星
			海王星

图5　太阳系行星

太阳系的最外缘部分有一个小行星带，被称为柯伊伯带。为了与柯伊伯带区别开来，分布在火星轨道和木星轨道之间的小行星带也被称为主带。

主带的小行星们受到木星强大的引力作用，演变成行星的最后阶段被阻碍，微行星无法形成独立的行星，一直绕着太阳周边旋转。我们可以观测到小行星自身的活跃变化，可见它们并不是一直保持着原始的状态。另一方面，属于柯伊伯带等的太阳系外缘天体，自太阳系形成以后几乎没有变化。

■ 理论产生的背景

以上就是太阳系形成的标准理论，这也是一般行星系形成的理论。无论如何，截至目前我们知道的唯一一个行星系就是太阳系。太阳系形成的标准理论，虽然多少有些前后矛盾的地方，但在 1995 年之前，这个理论被认为是能够合理说明太阳系大概情况的。

1995 年，天文学上有一个新的大发现——人类首次发现了太阳系外的行星（称为系外行星）。之后又陆续发现了许多形态多样的系外行星。这个现象用已有的太阳系形成理论是解释不通的。

■ 理论的发展

行星系形成理论迫切需要重新构建，以能够统一说明太阳系的形成及这些多样的行星系的形成（图 6）。

宇宙篇　第1章　太阳系

质量约为地球质量150倍的炽热巨行星。1995年大发现！该行星（飞马座51b）与中央星的距离仅为1/20个天文单位，比水星与太阳的距离还近。

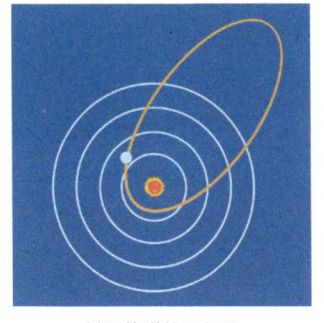
椭圆轨道的巨行星

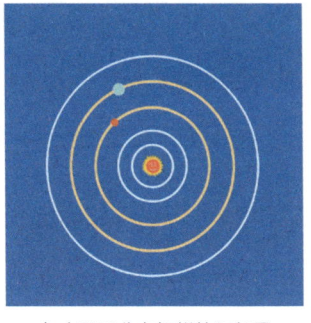
与太阳系分布相似的巨行星

图6　系外行星

　　日本该领域第一人井田茂认为，"现在要做的是重新彻底筛选一遍太阳系形成标准模型，找出被隐藏或遗漏了的新的可能性，以便同时能够用来解释系外行星系。不能以常识来看待太阳系的情况和太阳系形成的标准模型，要有逻辑地、开放地思考新的可能。"他提出了以下课题，分别是圆盘的进化和消失的问题、尘埃落下问题、微行星形成问题、巨行星形成时间的问题、行星落下问题、类地行星形成的最后阶段问题。

27

形成月球的大碰撞

火星大小的原始行星撞上原始地球，从而形成了月球——这是最具有说服力的月球起源假说。

理论概要

对我们来说最接近地球的天体是月球。但是关于月球的诞生，人类一直以来并不清楚，直到最近才知道一些大概。下面我们来介绍其中一个假说。

45亿年前，原本非常频繁发生的微行星碰撞变少了，太阳系逐渐形成了现在的形态。原始地球上覆盖着厚厚的大气，海洋也开始形成。某一天，一个原始行星接近了地球，其大小与火星相当。

原始行星似乎要从地球的旁边掠过，但受到地球引力作用，逐渐接近地球，最后以15千米/秒的惊人速度猛烈撞击地球侧面。半边地球和原始行星崩散，释放出大量的碎片。大半碎片掉落到地球，使地球内部的沸腾熔浆如大海般喷涌而出，同时也变成了地球新的组成部分。剩下的碎片在地球周边形成了环状的圆盘。圆盘内无数的碎片围绕着被熔浆之海覆盖的原始地球转动，反复碰撞合体，最后演化成一个较大的天体——月球。

这就是现在最为广泛接受的月球起源假说——大碰撞说（图7）。

宇宙篇　第1章　太阳系

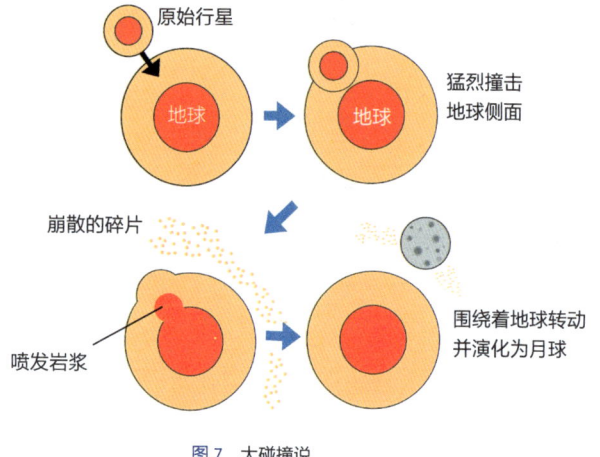

原始行星

地球

地球

猛烈撞击
地球侧面

崩散的碎片

围绕着地球转动
并演化为月球

喷发岩浆

图7　大碰撞说

理论产生的背景

　　最早从科学上论述月球起源的人是以进化论著名的查尔斯·达尔文的儿子乔治·达尔文（1845—1912）。他是一名天文学家和数学家。1879年，他提出了分裂说，认为过去的地球自转速度很快，由于离心力作用，地球的一部分从地球上分裂出来，变成了月球。

　　之后，在1960年前后孪生说和捕获说先后被提了出来。孪生说认为，月球从"幼年时期"就开始围绕着原始地球公转，是和地球一起成长起来的。而捕获说则认为，月球在与地球无关的地方诞生，之后偶然被地球的引力捕获（图8）。然而，这些假说分别被指出了重大缺陷，当时也没有能够充分验证它们的材料。

29

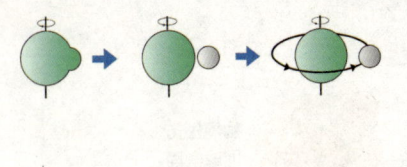

分裂说

该假说认为由于离心力作用，月球由地球的一部分分裂出来而形成的

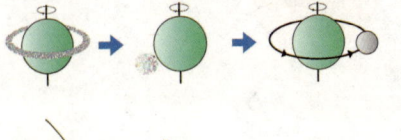

孪生说

该假说认为月球从"幼年时期"就开始围绕着地球转动，是和地球一起成长起来的

捕获说

该假说认为月球是由其他地方诞生的行星被地球的引力捕获而来的

图 8　关于月球起源的各种假说

1969 年，苏联科学家萨夫罗诺夫提出了行星由无数微行星集合形成的设想。

另一方面，美国的天文学家威廉·肯尼斯·哈特曼和唐纳德·戴维斯于 1974 年，在学术界发表了月球起源的大碰撞说。但是他们的假说，对大部分的学者来说很难接受。

在萨夫罗诺夫的微行星说发表的同一年，美国的阿波罗 11 号实现了人类首次成功登月。之后，截至阿波罗 17 号，美国人一共从月球带回 400 千克的沙子和岩石。世界各地的科学家们对这些月球的样品进行分析，试图解读月球的诞生和演化。在这个过程中，大碰撞说作为具有说服力的学说在 1984 年获得了月球起源相关学会的认可。

20 世纪 80 年代末，随着行星形成理论的发展，人类了解到，在行星形成的最后阶段，原始行星之间的大碰撞发生的可能性极高。据此，科学家们进行了大碰撞计算机模拟。最新的模拟结果显示，圆盘中的碎片反复撞击合体形成月球只花了约一个月的时间。

理论的发展

木星和土星都有很多卫星，为什么地球只有月球一颗卫星呢？

这是因为作为原始月球圆盘种子的原始行星原本有火星大小，其质量足以形成月球。因大碰撞而四散的粒子，受相互引力吸引，聚集成团块。在洛希极限⊖之内，潮汐力作用很强，团块被拉长之后变成了旋涡状结构。圆盘开始扩散。在洛希极限之外，粒子之间也聚集在一起形成了团块，这个团块以从内部扩散开来的圆盘物质为材料，逐渐成长，最后形成了月球。

另一方面，木星和土星的卫星起源的圆盘，与只有一个月球的圆盘相比更轻，因此形成了很多卫星。也就是说，卫星从原始卫星系圆盘诞生，质量达到某个程度以后，卫星周围产生空隙，卫星停止成长。土星环中，卫星轨道周围产生空隙也是同样的现象。这种环内的卫星被称为"牧羊卫星"。星环中的粒子是羊群，行星就是追赶羊群的牧羊犬。

如果形成的卫星质量较大，被夺走角动量的圆盘物质会掉落到中央行星，留下一颗较重的卫星。但如果卫星较轻，卫星接受角动量后向远方移动，内侧形成了能够产生新的卫星的空间，从而形成多颗卫星。

⊖ 洛希极限是一个天体对自身的引力与另一个天体对它的潮汐力相等时两个天体的距离。——编者注

05 从冥王星降级风波来探索彗星的故乡

彗星来自太阳系的周边区域。

■ 理论概要

不知道大家是否记得，2006 年发生了一场关于把冥王星从行星中移除的风波。人们长期以来被教导说冥王星是太阳系的第九大行星，并将"水金地火木土天海冥"一起记忆。突然说要将它从行星中移除掉，让人吓了一跳。不是真的除名，而是将冥王星从行星中移除降级。最后，冥王星从太阳系的正式行星中移除，成了矮行星中的一员。

但是，实际上冥王星自 1930 年被发现之后，一直被认为作为行星之一并不合适，之后一直存在争论。首先，其他的行星轨道基本上都在一个平面上，而冥王星的轨道倾斜了 17°。不仅如此，其他的行星轨道基本上都是圆形轨道，而冥王星轨道与圆形轨道偏离较大，轨道的一部分进入了海王星轨道的内侧，这个更像是彗星的特征。

在"水金地火木土天海"中，"水金地火"主要是岩石构成的类地行星；"木土"上有大量的气体，是类木行星；"天海"是冰巨行星（图 9）。冥王星是被冰覆盖的天体，放入类海行星好像也可以。从冥王星的位置来看，的确很适合。

冥王星虽然有奇怪的地方，但一直被作为行星对待。之后

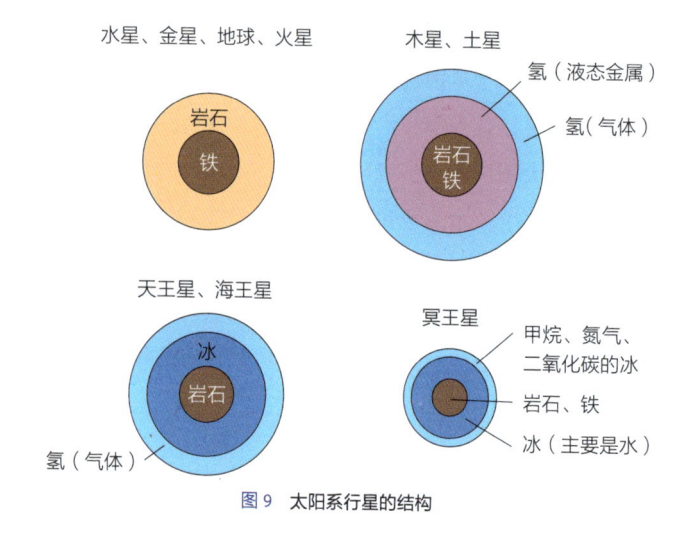

图 9　太阳系行星的结构

随着柯伊伯天体的发现，人们开始重新考虑冥王星的定位。

柯伊伯带又称为埃奇沃思－柯伊伯带，爱尔兰的埃奇沃思（1880—1972）和美国的柯伊伯（1905—1973）计算了彗星的轨道，从中追溯预测了彗星的发源地的存在。柯伊伯带位于海王星轨道的外侧，有着无数的小型天体，是环状的带。冥王星被认为是柯伊伯带天体的代表。

■ 理论产生的背景

彗星本体被称为彗核，长年以来人类认为彗核的沙冰上混合了岩石、金属、甲烷、氨、二氧化碳等冰冻物，像一个"脏了的雪球"。

然而，2005年有了另一个说法，认为这不是"脏了的雪球"，而是一个"冰冻的泥团子"。深度撞击实验向坦普尔彗星上发射了一个巨大的"子弹",从打开的孔穴中观测喷出的物体,可以看到彗星内部大量的尘埃被冰冻结在一起。无论如何,随着彗星接近太阳,水分蒸发,整颗彗星被称为彗发的大气覆盖着。太阳风吹到彗发后,里面的尘埃、气体被吹向太阳的反方向,产生了由离子和尘埃组成的彗星尾巴(图10)。

实际上彗星与小行星的区别在于形态上有无彗发和彗尾。因此彗星离太阳较远的时候,与小行星无法区别。彗星进入木星轨道与火星轨道中间附近,就可以观测到彗发和彗尾了。

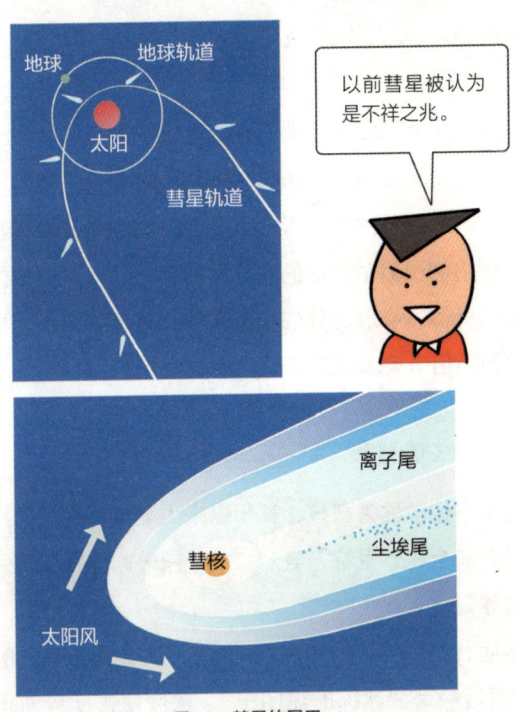

图10 彗星的尾巴

宇宙篇 第1章 太阳系

■ 理论的发展

彗星的发源地一般认为有两个。柯伊伯带被假定为短周期彗星的发源地。但是，这个假说并没有被广泛接受。随着观测技术的发展，1992 年，人类真正发现了柯伊伯带天体，之后又陆续有新的发现，于是出现了是否要把冥王星从行星中移除的大风波。

还有一个假设是在距离太阳 1 光年处的太阳系引力圈边界附近，存在着约一万亿个彗星核一样的天体，围成一个太阳的球壳。它被称为"奥尔特云"，名字取自最早提出这个假设的荷兰天文学家简·奥尔特（1900—1992）。虽然叫作云，但其实还是空荡荡的状态。当奥尔特云的天体因某个契机接近太阳，就变成了长周期彗星。长短周期的区别是长周期为 200 年以上，短周期则不足 200 年。

约 46 亿年前太阳系形成时，不断吞噬周围比自己小的天体而形成的是行星。包括冥王星在内，彗星的起源都是那些既没有变成行星，也没有被吞噬的小天体。从这个意义上说，彗星 / 小行星也就保留了太阳系诞生时的形态，是原始太阳系时代的"化石"或时间胶囊。如果是这样，那么其他的恒星周围应该也有类似奥尔特云一样的结构。也有科学家梦想着在那里进行超巨型宇宙树的造林，实现全银河系的绿化。

第 2 章　恒星的世界

01 太阳是如何诞生、成长的

太阳是一颗主流且平凡的恒星。

■ 理论概要

宇宙空间并不是完全的真空，其间漂浮着非常细小的尘埃和极其稀薄的氢、氦气体等各种星际物质。星际物质有厚有薄（密度不均匀），比较厚（密度大）的地方会吸引周边的星际物质逐渐变大，最终在自身引力的作用下渐渐收缩，以引力收缩的能量为热源，原恒星开始发光。

此时原恒星还没有进行核聚变。收缩会产生热量，但这个热量又会使收缩停止，开始膨胀。收缩和膨胀持续"斗争"，经过漫长的岁月后，原恒星核心的温度达到了1000万K。随后核聚变反应开始，氢原子核变成氦原子核。

至此为止的时间被称为恒星的"收缩期"，太阳同等质量的恒星收缩期会持续10万年。收缩期结束后，因引力收缩而发光闪耀的原始星，变成因核聚变反应而发光闪耀。这阶段的星星被称为主序星。太阳因核聚变燃烧，与氢弹等不同，太阳可以将巨大的能量向外排出。因此，太阳一边因核聚变燃烧，一边不断向外释放能量，发光闪耀（图1）。

主序阶段的恒星，因核聚变反应产生的膨胀压力，与引力引起的收缩力势均力敌，达到稳定状态。现在的太阳就处于这个

宇宙篇 第 2 章 恒星的世界

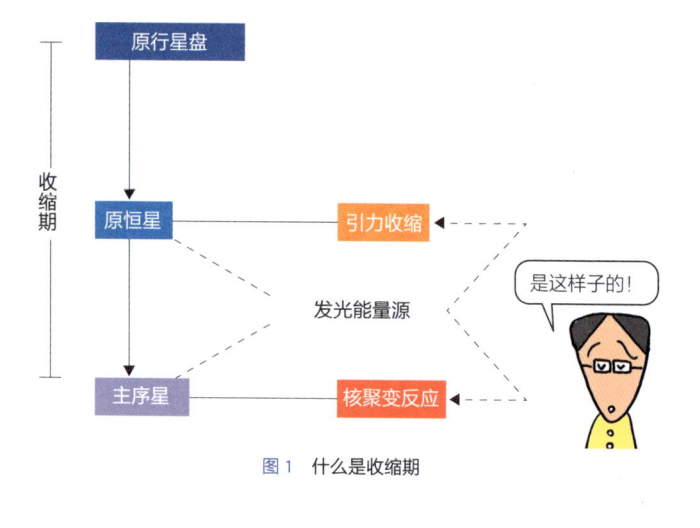

图 1 什么是收缩期

状态（图 2），恒星的一生几乎都是这样。同时，这也是恒星一生中最稳定的时期。太阳现在处于主序阶段，从这个意义上说，是主流且平凡得不能再平凡的恒星了。

核反应会随着核心温度和压力因某种原因下降而变弱。产生的热量变少，核心缩小。于是，温度和压力上升，核反应再次变得活跃起来；产生的热量也增多，开始膨胀恢复到原来的大小。

这期间，核心因热核聚变，4 个氢原子转变成 1 个氦原子，膨胀压力略微下降。为了补充压力，核心收缩，温度升高。结果，核聚变反应效率提高，亮度增大。太阳从诞生到现在亮度大概增大了 30%。今后太阳的亮度还将继续增大，在主序阶段的末期，预计会增大到现在亮度的两倍。

39

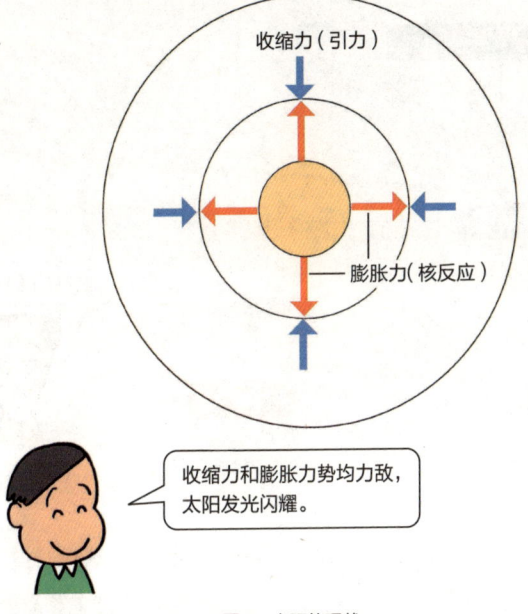

图 2　太阳的现状

■ 理论产生的背景

主序星是指在赫罗图（赫茨普龙－罗素图）上，位于从左上角明亮高温区域延伸至右下角暗淡低温区域这一主序带上的恒星。

赫罗图以恒星的表面温度或光谱类型为横轴，以表示恒星绝对亮度的绝对星等为纵轴。1910 年，丹麦的埃希纳·赫茨普龙（1873—1967）和美国的亨利·诺里斯·罗素（1877—1957）各自独立发表了这一发现，因此用两人姓名的首字取名赫罗图（图 3）。

宇宙篇　第 2 章　恒星的世界

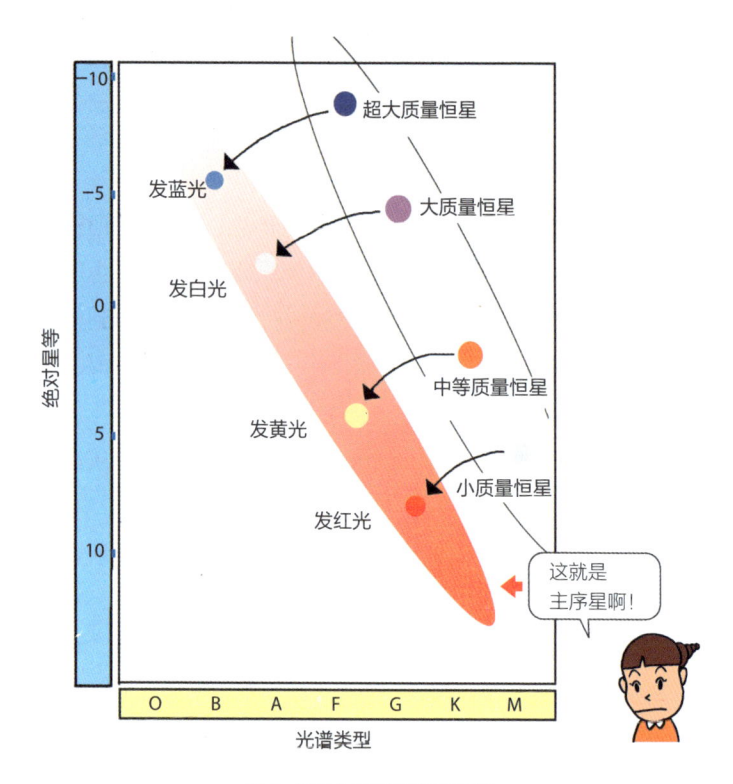

图 3　恒星从诞生到变成主序星

那么，绝对星等是什么呢？从地球看到的星星的亮度用视星等来表示。肉眼能看到的最暗的星星是 6 等星，视星等每减少一等，星星的亮度就增加为 2.5 倍。1 等星的亮度就是 6 等星的 100 倍。但是，地球到星星的距离各不相同。为了表示星星实际的亮度，以把星星放在离地球一定距离（32.6 光年）时的视星等作为绝对星等使用。

41

赫罗图对恒星性质和演化研究来说是不可或缺的。从赫罗图上可以看出太阳是标准且平凡的主序星。

■ 理论的发展

主序阶段的恒星，通过 4 个氢原子形成 1 个氦原子的核聚变反应释放出能量，因此氢会逐渐减少，氦逐渐增加。主序星的稳定状态会在恒星寿命（一生）90% 时间中持续，直到核心累积的氦达到整体质量的 10% 左右。因此纵观整个宇宙，主序阶段的恒星占了绝大多数。

主序阶段是恒星一生中时间最长的阶段，太阳同等质量的恒星大约会持续 109 亿年。我们的太阳自诞生已经过了 46 亿年，处于主序阶段的中期。主序阶段的恒星，核心会逐渐累积氦芯。相应地，不同质量的恒星会走向不同的演化之路。

那么，太阳的未来是怎样的呢？天文学家们观测、研究在天空中闪耀的星星，探索太阳未来的道路。下面我们一起去"星星乐园"散散步，看看太阳未来的样子吧。

恒星的演化
星空中可以看到太阳的未来

赫罗图可以说是将恒星的世界进行分类定位的地图，也是探索恒星演化的重要时空图。太阳的未来也可在赫罗图上看到。

■ 理论概要

恒星的颜色之所以不同，是因为其表面温度有差别。表面温度达到20000℃以上高温的恒星，看起来是发蓝白光的。温度低于20000℃会变白，6000℃左右是黄色，3000℃左右的恒星是红色的。从地球上看，有一些恒星由于太暗几乎看不出颜色，通过光谱仪将光分解成光谱，可以知道其主要的颜色，推算出表面温度。诞生于星际物质的原恒星表面温度较低，但直径比主序星大，绝对星等更亮，在赫罗图上位于主序带的右上角，在红巨星的下方（图4）。

如果说原恒星是"婴儿星"，那么红巨星就是"老年星"了。刚刚诞生的恒星因核心的氢核聚变反应而发光，而上了年纪的恒星核心的氢已经用完，变成由核聚变产生的氦形成的中心核及围绕中心核的氢外层构成的双层结构。因此，氦中心核外层的氢开始核聚变。于是核心能量源消失，恒星因自身引力收缩而产生热量，这加速了外层的核聚变反应，核聚变产生的热量又使外层膨胀，超过了引力引起的收缩。因此恒星的外层大幅膨胀，表面温度相对较低，颜色看起来变红。换而言之，恒星变成了红巨星。

43

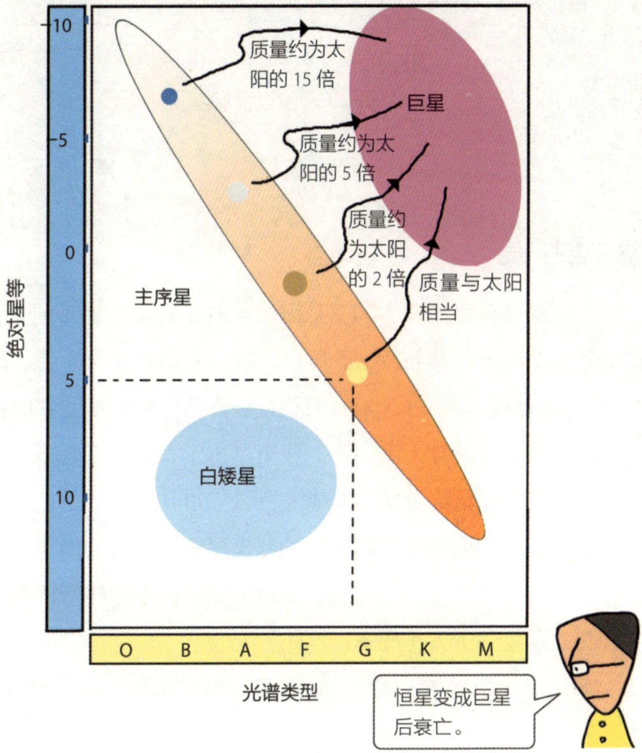

02

图4 从主序星到恒星的衰亡

让我们从老年星往婴儿星倒回去看一下。原恒星收缩，核心温度上升，核聚变反应开始后，原恒星变成主序星。主序星在主序带上的位置取决于其质量，从左上到右下，主序星的质量逐渐变小。

宇宙篇 第 2 章 恒星的世界

■ 理论产生的背景

在以恒星光谱类型为横轴、绝对星等为纵轴的赫罗图上，可以看到恒星的亮度与表面温度之间存在一定的关系，据此可以求出恒星的大小。

横轴的光谱类型从左往右依次为 O、B、A、F、G、K、M。除了可以表示光谱类型，横轴还可以表示恒星的表面温度和颜色，越往左表面温度越高。纵轴越往上绝对星等越小，也就是越亮。纵轴除了可以表示绝对星等，还可以表示光度。

从图 5 中可以看到恒星被分成了几组。图中从左上往右下排列的是主序星，右上是红巨星，左下是白矮星。

■ 理论的发展

一开始聚集的星际物质较多的原恒星，由于核心温度、压力变高，将演变成主序星。而质量在 0.08 倍太阳质量以下的原行星，核心永远不会达到足够高的温度以开始核聚变反应，将演变成褐矮星漂浮在宇宙中。与太阳同等质量的恒星，绝对星等稳定在 5 左右。从赫罗图上应该可以看出，太阳是一个标准且普通的恒星。

太阳的主序阶段大约会持续 109 亿年。现在已经过了 46 亿年，再过 63 亿年，中心核里面的氢将消耗殆尽，太阳会开始膨胀，外层直径膨胀到现在的 170 倍，进入红巨星阶段。到那时，水星和金星或许会被太阳吞噬掉，消失不见。

另一方面，不进行核聚变反应的中心核继续收缩，76 亿

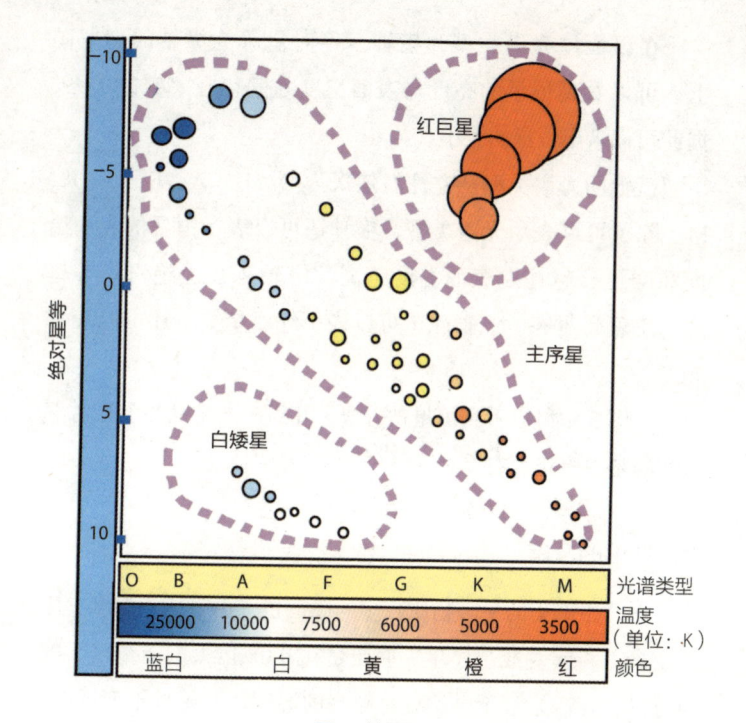

图 5 赫罗图

年后，中心核的温度上升到约 3 亿 K，氦开始燃烧。太阳将恢复主序阶段的流体静力平衡，直径缩小到现在的 11~19 倍。但是，由于是在氢和氦双层结构下持续燃烧，燃料消耗率较低，稳定期大约只能持续 1 亿年。

中心核里面充满了氦燃烧过后残留的碳和氧，氢和氦的双层结构燃烧向外层移动，太阳再次膨胀。其直径最终变大到现在的 200 倍，膨胀的外层将到达现在的地球轨道附近。但是地球不会被太阳吞噬掉，因为红巨星阶段初期发生的质量释放会使行星的公转轨道向外侧移动。之后，太阳由红巨星进化成脉动变星，再变成白矮星，经过数十亿年慢慢冷却。

太阳这样的一生，是质量较小的恒星的典型。从这个意义来说，太阳可以说是极其平凡的恒星。

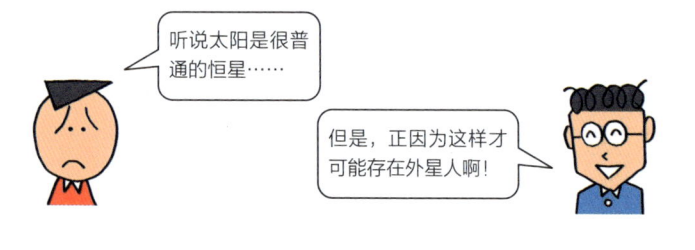

变星
"丈量宇宙的尺子"——造父变星

亮度会发生变化的恒星叫作"变星"。变星有很多种类，其中一种是脉动变星。

■ 理论概要

太阳在遥远的未来，将会膨胀然后变成上面提到的红巨星，之后进化成脉动变星。那脉动变星到底是什么呢？

恒星的一生到了终结阶段，生成的氦会堆积形成芯。这个芯的质量达到恒星整体质量的约 10% 后，外面一层因核反应产生的热量膨胀，战胜引力引起的收缩，整个恒星膨胀起来。这就是巨星。这时，虽然表面温度变化不大，但表面积变大，恒星整体的亮度增加。

另一方面，氦芯由于内部没有热源，将在自身的引力作用下收缩。这样的话，膨胀和收缩的平衡被打破，恒星整体变得不稳定起来，表层开始了周期性的膨胀和收缩的脉动。这就是"脉动变星"。脉动幅度变大后，外面一层逐渐剥离并扩张，形成行星状星云。

■ 理论产生的背景

历史上发现的第一颗变星是鲸鱼座 o 星，被命名为米拉，在拉丁语中是"不可思议"的意思。米拉的亮度在约 330 天的周期内在 3 等到 9 等之间变化。脉动变星也有很多不同类型，像米拉一样周期较长的称为"米拉变星"。由于米拉变星的光度较大，光变范围也比较大，相对容易发现，至今已经发现了约 6000 颗。图 6 显示了米拉变星的光变情况（称为光变曲线）和不同阶段恒星的大小。

除了米拉变星，根据光变的机制和光变曲线的不同，脉动变星还可以细分为半规则变星、金牛座 RV 型变星、仙王座 δ 型变星等。

变星不是只有脉动变星，还有食变星（食双星）。食变星是双星，两颗恒星互相绕着对方转动。我们观测的时候，其中一颗星星从另一颗星星前面通过，发生掩食，造成亮度变化。食变星的代表是"Algol"，在阿拉伯语中是"恶魔"的意思，它是英仙座 β 星（大陵五）。这颗星以 2 天 20 小时 49 分为周期，星等在 2.2~3.4 等之间变化。

变星里面除了脉动变星、食变星外，还有其他不同的类

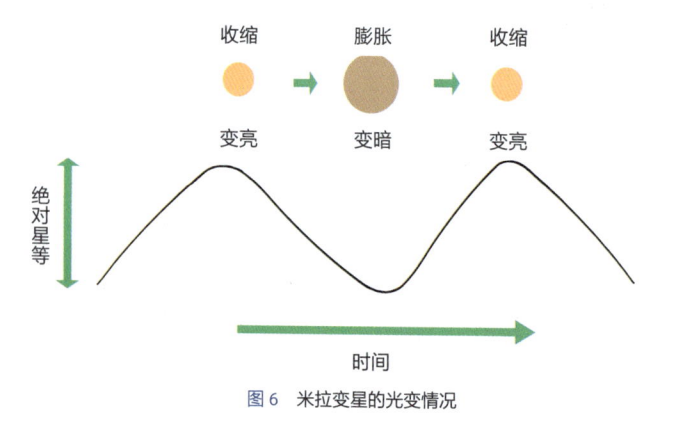

图 6　米拉变星的光变情况

型，如因恒星周围的各种现象而发生亮度变化的类型、恒星表面会发生爆炸的类型、恒星整体会发生爆炸的类型等。

理论的发展

测量离太阳系比较近、距离在 100 光年以内恒星的距离时，通常会使用三角视差法（图 7）。知道了距离，就能得出恒星真正的亮度，从而可以使用恒星真正的亮度和颜色的关系。

根据这个方法，使用赫罗图，可以推算出更远的恒星的距离。例如，假设有一颗恒星和太阳一样呈黄色，但由于距离比太阳要遥远得多，看起来比较暗。如果颜色一样的恒星，其真

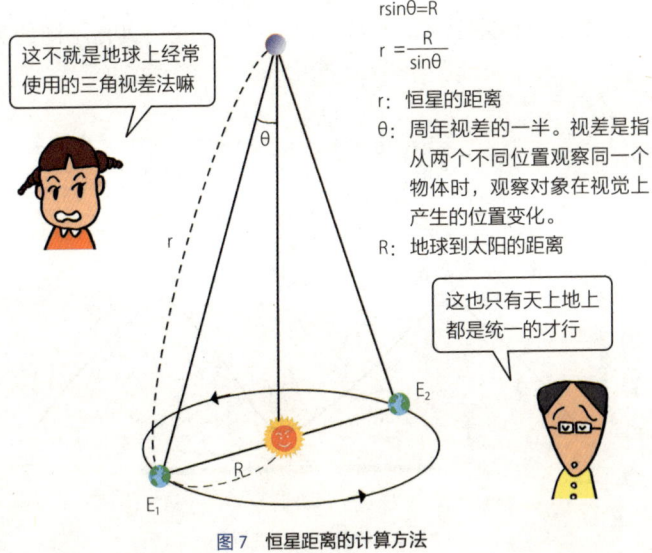

$r\sin\theta = R$

$$r = \frac{R}{\sin\theta}$$

r：恒星的距离

θ：周年视差的一半。视差是指从两个不同位置观察同一个物体时，观察对象在视觉上产生的位置变化。

R：地球到太阳的距离

这不就是地球上经常使用的三角视差法嘛

这也只有天上地上都是统一的才行

图 7　恒星距离的计算方法

正的亮度是一样的，那我们就可以知道，这颗黄色的恒星，实际上和太阳的亮度是一样的。也就是说，从恒星的表观亮度可以推算出其离我们的距离（图8）。

而用来推算距离更远的、在银河系之外的恒星和星系距离的，是刚才介绍过的脉动变星中的造父变星。造父变星具有光变周期越长、绝对星等越亮的周期光度关系。光变的周期通过观测就能知道，通过周期和亮度的关系就可以知道该星的绝对星等。

这样的话，和推算银河系内遥远的恒星距离一样，根据绝对星等和从地球看到的亮度的不同，可以推算出距离。这就是造父变星被称为"丈量宇宙的尺子"的原因。

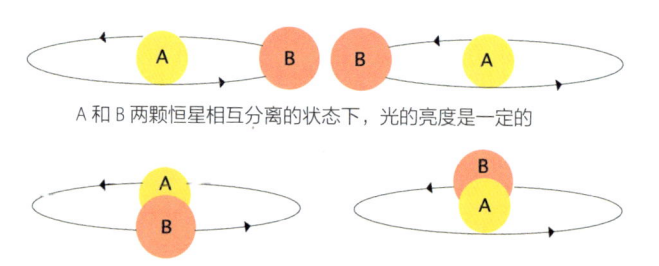

A和B两颗恒星相互分离的状态下，光的亮度是一定的

A和B两颗恒星重叠，发生掩食时变暗。相对较亮的星星被相对较暗的恒星掩食时最暗，相反则稍微变暗

如果知道A和B的绝对星等，根据上下两个的比较就可以计算出距离

图8 利用食变星测量距离

白矮星是太阳的未来
再之后是什么呢

在遥远的未来，太阳从红巨星变成脉动变星，再变成白矮星，经过几十亿年慢慢冷却，最后变成黑矮星，成为"恒星的坟墓"。

■ 理论概要

恒星就是一个由气体组成的巨大球体。太阳的质量是地球的 33 万倍。这颗巨大的星体，由于自身的引力会收缩变小。支撑着星体使其没有收缩的，是内部的核聚变产生的能量引起的膨胀压力（图 9）。

但是，恒星能量用尽，不再进行核聚变后，内部压力变小，无法承受引力，恒星就开始收缩。恒星开始收缩后，温度上升。

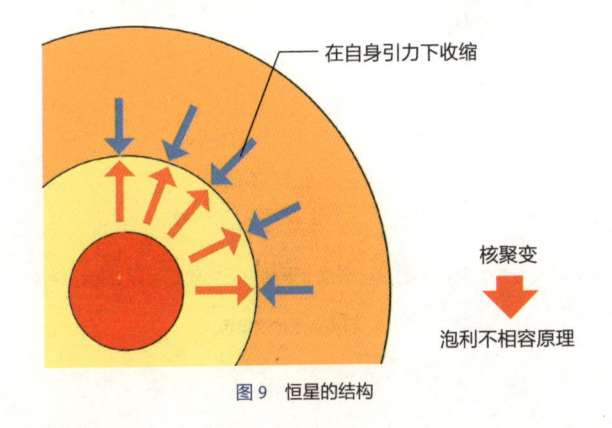

图 9　恒星的结构

宇宙篇 第2章 恒星的世界

　　高温的恒星中不存在原子，而呈现为原子核和电子分离的等离子体状态。处于这种状态下物质所显示的压力，是原子核和电子剧烈运动而产生的，随着收缩不断进行，密度变大，这个压力就无法发挥作用了。取而代之的，是等离子体中电子的简并压与引力抗衡，发挥支撑的作用。简并压是基于泡利不相容原理导致多个粒子不能形成统一状态而产生的。

　　根据泡利不相容原理，能够取得某个能级的粒子数量，最多是该能级的状态数。温度下降，则粒子向低能级状态跃迁。低能级状态达到该粒子数量的极限后，能量就只能保持高的状态。像这样收缩到极限，不能进一步收缩的状态称为简并态，或者就叫简并。发生简并后，与温度相比，能量高的电子变多，压力变高。由此产生的多余的压力叫作简并压。通常等离子体的压力取决于密度和温度，而简并压只取决于密度，与温度无关（图10）。

　　质量在8倍太阳质量以下的恒星，演化成红巨星后，变成脉动变星，释放出外层气体，变成白矮星。白矮星不发生核聚变，没有热源，因向外辐射而失去能量，不断冷却。随着温度逐渐降低，辐射量也不断减少，最终变成电磁波无法观测到的天体。这就是黑矮星。但是，黑矮星只是理论上假设的存在，并没有实际观测到。

　　因为即使是宇宙初期形成的白矮星，现在的宇宙年龄也还没有经过足够长的时间让它能够在冷却后变成黑矮星。但是，在特殊条件下是可能存在的。

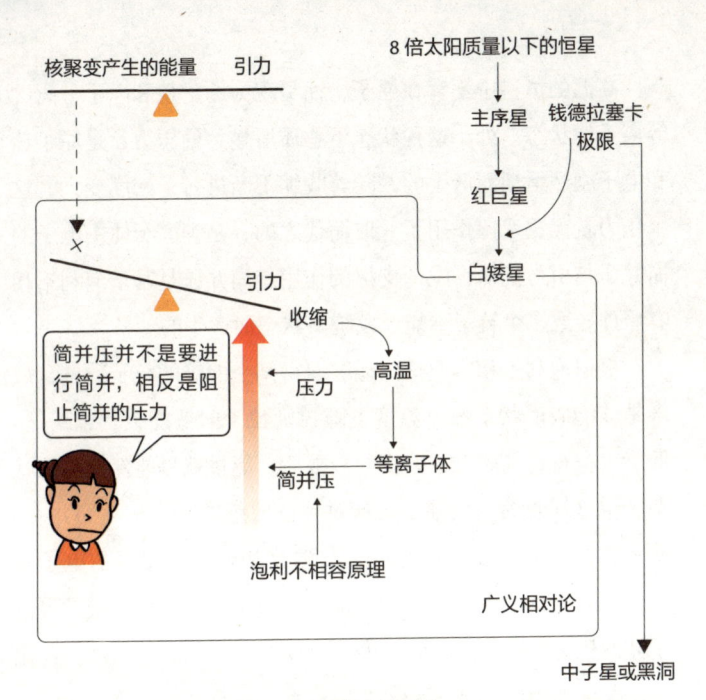

图 10　恒星的内部平衡

■ 理论产生的背景

　　天文学史上，第一次测出恒星与地球之间距离的，是德国的天文学家弗里德里希·威廉·贝塞尔（1784—1846）。他在1838年根据周年视差测量计算出天鹅座61的距离，之后贝塞尔观测了大犬座的天狼星。由于天狼星的移动轨迹很奇怪，他认为"天狼星应该有伴星"，但当时并没有找到伴星。天狼星的伴星被发现是在1862年。美国的镜片加工技术员阿尔万·格雷厄姆·克拉克制造了新的折射望远镜，进行观测测试时观察了天狼星，发现了其伴星。

1915 年，美国的沃尔特·亚当斯对这颗伴星"天狼星 B"进行光谱分析，发现它虽然只有地球大小，但质量巨大，骰子一般大小的该天体物质就拥有高达 1 吨的巨大质量。第二年，英国的天体物理学家亚瑟·爱丁顿根据相对论，认为拥有巨大质量的恒星，其引力会使空间弯曲，附近的光会出现红移。爱丁顿向亚当斯询问，证实了这一点，发现了白矮星。接下来，印度的天体物理家钱德拉塞卡于 1932 年计算出白矮星质量的理论上限值，该上限值被称为"钱德拉塞卡极限"，约为太阳质量的 1.44 倍。

■ 理论的发展

那么，恒星的质量超过了钱德拉塞卡极限会怎么样？

恒星的质量越大，中心部越接近电子的运动速度，钱德拉塞卡根据相对论，使用由简并后的电子组成的物质状态方程式，可以计算出恒星的半径。但是，达到某个值时半径会变成零。对于这个质量以上的恒星，在数学上不存在引力和压力平衡的解。这个发现为黑洞开辟了道路，但天文学界的权威爱丁顿对此强烈反对。他认为"不可能有那样的东西"。

第 3 章　　奇异的天体

褐矮星和红矮星
恒星的命运由质量决定

褐矮星是质量小于 0.08 倍太阳质量，不能持续进行核聚变反应的恒星。

■ 理论概要

首先要介绍的是褐矮星。褐矮星在天体分类上实际上既不属于恒星也不属于行星。但是，即不能说不是恒星，同时又具有行星性质，是比较模糊的"两性兼备"天体。

原本原恒星要开始氕（原子核只有 1 个质子的氢元素）核聚变，中心核的温度需要超过 300 万~400 万 K，质量最少也要达到 0.08 倍太阳质量。褐矮星的质量在这之下，不会发生氕的核聚变，无法成为主序星。

但是，原子核由 1 个质子和 1 个中子构成的氘，能够在比氕所需温度更低的温度下发生核聚变。氘的核聚变在天体质量为 0.01 倍太阳质量或 13 倍木星质量时开始。褐矮星也是在初期就开始核聚变反应。但是，氘的丰度（元素的比例）较低，核聚变因无法持续而停止，原恒星只能收缩。但即使核聚变停止了，核聚变产生的余热及气体收缩时的能量也会使天体表面温度变高（800~2500K），并辐射出红外线。

褐矮星虽然在可见光和射电波段难以被观测到，但我们能观测到其辐射的微量的红外线。随着近年来红外观测装置的发展，褐矮星开始逐渐被发现。

褐矮星的"褐"没有什么特别的意义。如果用可见光望远镜来看，由于温度低，褐矮星都很暗淡。为方便起见才起了这么一个名字，实际上并不是看起来是褐色。

核聚变停止后，褐矮星由于自身的引力，经过数千亿年的漫长时间，势能转换成热能，一边慢慢冷却一边收缩。最后变暗，变成黑矮星（图1）。

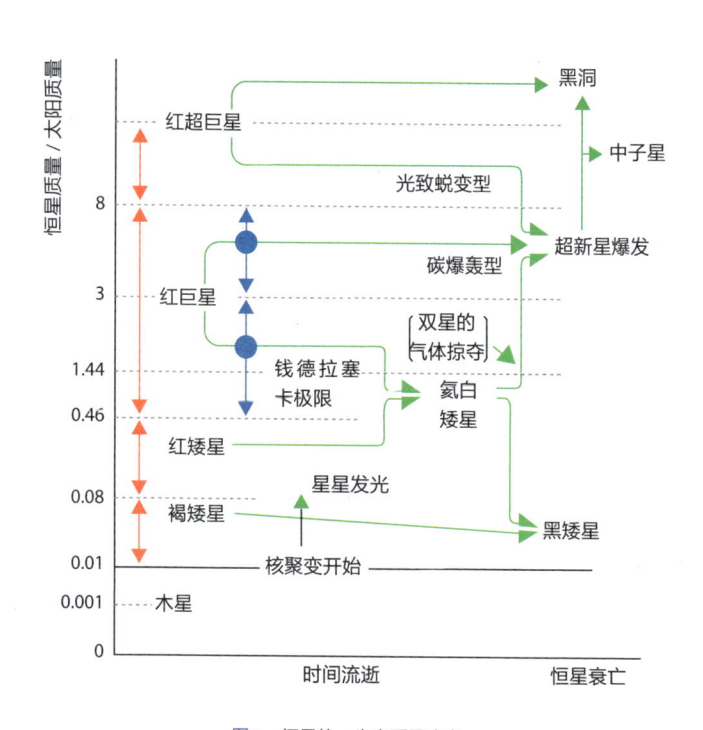

图1　恒星的一生由质量决定

理论产生的背景

褐矮星刚诞生时是恒星，之后变成类似行星的天体。太阳系中有一些只是不发生核聚变反应，但与褐矮星相似的天体。那就是最大的气态巨行星——木星。木星质量虽然只有太阳质量的 1/1000，但其质量如果增加到 80 倍，就会开始核聚变变成恒星。

木星等气态巨行星，是比褐矮星质量更小的由气体构成的天体。事实上，恒星、褐矮星和气态巨行星，原本成分就是一样的。

理论的发展

质量小于 0.08 倍太阳质量的是褐矮星，那么大于 0.08 倍的会怎么样呢？另外，太阳的质量可以用牛顿的万有引力定律求出（图 2）。

质量在 0.08~0.46 倍太阳质量的恒星，称为红矮星。它们是可见光能观测到的恒星中最普通的天体。其直径在太阳直径的 1/3 以下，表面温度 3500K。顺便说一下，太阳的表面温度约为 6000K。

离太阳系最近的红矮星是半人马座 α 星 C，即大名鼎鼎的比邻星。根据 VLT（甚大望远镜）的观测，比邻星的质量和半径都只有太阳的 1/7，质量是木星质量的 150 倍，半径是木星半径的 1.5 倍。红矮星的表面温度相对较低，氢的核聚变速度较慢，恒星的寿命可达数万亿年，相当长寿。另外，由于氢里面的温度没有达到核聚变点火温度，氢燃尽后也不会变成红巨星，而是直接变成氦白矮星。红矮星的寿命比大爆炸发生至今的时间还要长，因此氦白矮星在宇宙中还不存在。

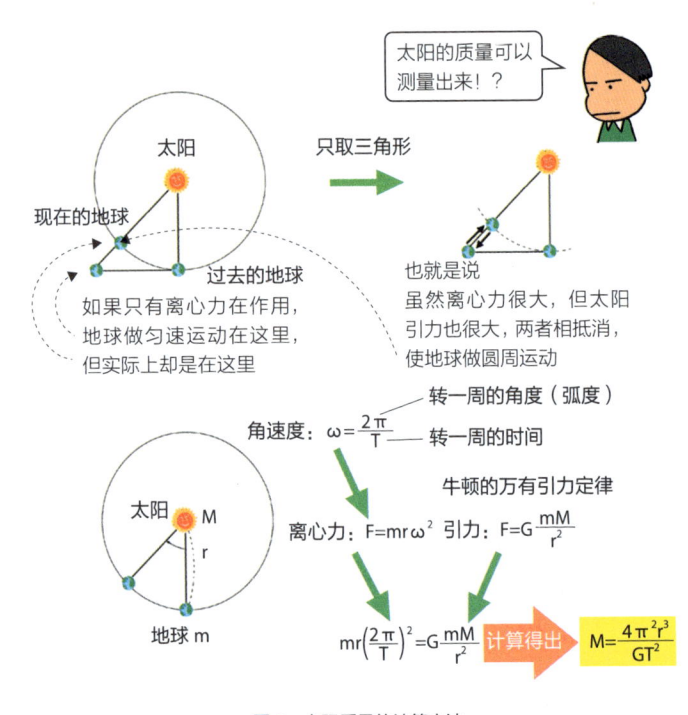

图 2　太阳质量的计算方法

超新星爆发是恒星的自爆

超新星不是新诞生的星星，而是恒星老去将死时的自爆状态。

■ 理论概要

　　恒星最后将自己抛射到宇宙中而绽开的巨型烟花就是"超新星爆发"（图3）。当然，不是所有的恒星都会爆发。较重的恒星迎来生命的最后阶段，核聚变失控，整颗恒星发生大爆发

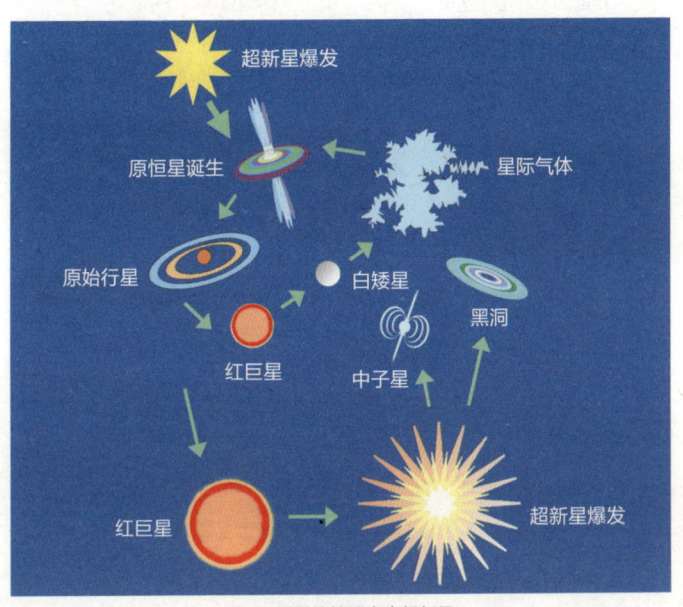

图3　恒星的轮回产生超新星

的就是"超新星"。超新星的亮度极大，几乎可以与整个星系媲美，我们可以观测到距离很远的星系中的超新星。

白矮星中，原子的电子和原子核之间的距离会缩小到正常情况的1/200，由此产生电子简并压与引力对抗。但是，如果白矮星从邻近的双星"夺取"大量的气体，那白矮星质量将超过1.44倍太阳质量这一钱德拉塞卡极限，简并压无法战胜引力。这样一来中心处碳的核聚变开始爆发，能量形成冲击波，将整个星球炸飞。这就是所谓的碳爆轰型超新星（热失控型超新星）。

质量相当4~8倍太阳质量的红巨星不会变成白矮星，碳氧中心核收缩后，在达到约8亿K的阶段，碳的核聚变开始点火，不断产生重元素。碳的核聚变导致核的温度快速上升，只用了0.1秒就失控了，将整颗星星炸得粉碎。这也是碳爆轰型超新星。

质量在8倍太阳质量以上的恒星，核反应快速进行，产生铁核。铁是诸多元素中最稳定的，不可能再进一步发生核聚变。这样的话能够与引力对抗的热量供给消失，核开始收缩。这时核心的铁元素会吸收周围的能量（伽马射线），分解成较轻的元素。这就是光致蜕变。这是吸热反应，并且只需要0.1秒。结果，核心的压力一下子下降而开始坍缩。

如果核的密度超过原子核的密度，以猛烈姿势朝着核心坍缩的外层物质，会被中子简并压反弹回来。这股力量变成猛烈的冲击波，将外层部分吹起。这就是光致蜕变型超新星（核坍缩型超新星）。

爆发后会留下一个核，如果核的质量达到 2~3 倍太阳质量，就会变成中子星；如果超过这个质量，引力坍缩不会停止，将变成黑洞。质量在 30 倍以上太阳质量的恒星，几乎都会变成黑洞（图 4）。

■ 理论产生的背景

在没有望远镜的时代，人们也凭肉眼观测到有些星星在夜空中突然变亮，然后在数日到 1 年的时间内，慢慢恢复到原来的亮度。古代的人们认为这是有新的星星诞生，因而取名"新星"。

如果出现比这更亮的恒星，就称为"超新星"。

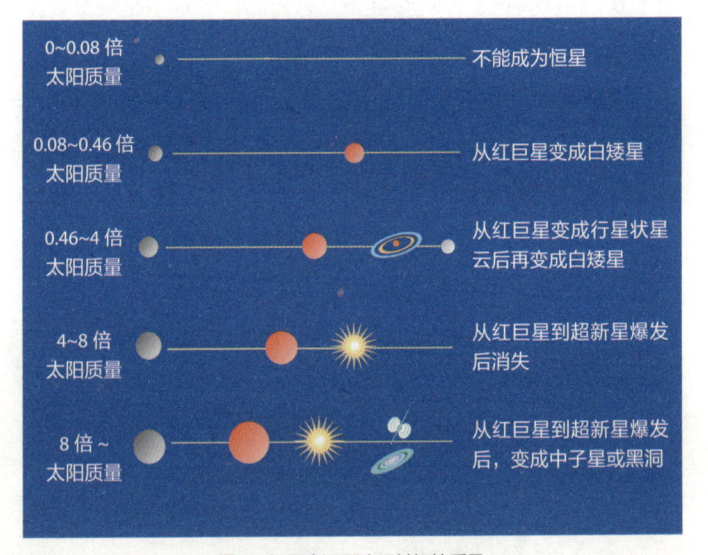

图 4　恒星命运取决于其初始质量

新星爆发的起源，是白矮星和红巨星互相转动的相邻双星系统中，红巨星的外层部分的气体流向白矮星，形成吸积盘。从吸积盘降落累积在白矮星的气体引力和压力升高，发生核聚变反应引起大爆发。这就是新星爆发。看起来跟超新星相似，但与超新星的整个恒星飞散不同，新星爆发是星体表面发生大规模的气体爆炸现象。超新星的爆发比例是平均每个星系数十年到数百年中会发生一个；而新星爆发很频繁，银河系内一年就会发生数十个。

■ 理论的发展

质量在 4~8 倍太阳质量的恒星变成红巨星时，氦会转换成碳、氧 16、氮。这个转换结束后，碳转换成氧 18，同时氧 16、氧 18、氮转换成氖和镁。产生这么多重元素后，原子核开始简并，恒星表面形成壳，促进内部碳燃烧。重元素转换结束后发生超新星爆发，核心由于原子核的简并，附近的电子被质子捕获变成中子。质量在 10 倍太阳质量以上的恒星，在变成红超巨星的最后阶段，重元素不断聚变成铁。由于铁原子的原子核的结合能是最大的，不会再进一步聚变，中心的热源消失，铁核心引力收缩，同时温度上升，最后发生超新星爆发。超新星爆发会合成比铁更重的元素，这些元素被抛向宇宙（图 5）。

我们人类的体内以及地球、太阳系中都存在着比铁重的元素。这些元素是由某处的超新星爆发产生的。组成我们人类和地球的物质，在很久很久以前，应该是某处闪耀着的恒星的一部分。

太阳不会发生超新星爆发,它会静静地变成白矮星,最后变成黑矮星停止活动。但是,以超新星爆发产生的元素为材料的恒星中,也有一些会在临终阶段再次发生超新星爆发。宇宙就这样渐渐被重元素"污染"。其中,也有一些会变成恒星重新发光。物质的轮回开始。

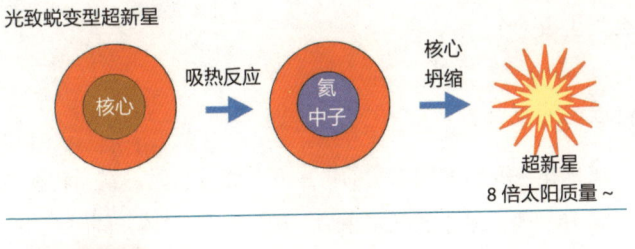

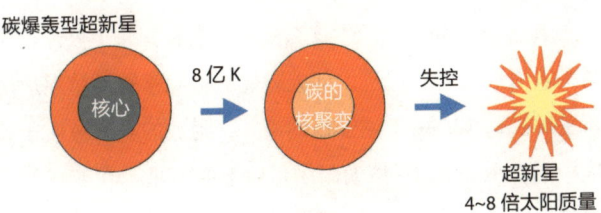

图 5　超新星的两种类型

中子星是"龙蛋"吗?

表现为由中子"特性"所支撑起的恒星,是中子星。

理论概要

恒星发生超新星爆发后,核心由于原子核的简并压,附近的电子被质子捕获,质子变成中子。这种原子核的数量大大增加,核心发生引力坍缩。元素为了保持稳定原子核自身开始结合,形成含有少量质子和电子以及大量中子的超重元素。

但是,电子之间存在所谓的"势力范围",当两个电子接近时,达到某个距离以内会产生巨大的斥力。这是简并压,也就是特性的发现。这种斥力比库仑力更大,与温度无关。不再发生核聚变反应的恒星,进行收缩直到简并压与引力达到平衡。由简并压支撑着的恒星称为简并星。白矮星是由电子的简并压支撑的简并星,而中子星则是由中子的简并压支撑的简并星(图6)。

如果白矮星引力继续变大,电子的简并压也无法支撑。电子决定逃跑,与质子结合变成中子。中子和电子一样,都是费米子,同样会产生简并压。由于中子质量更大,其简并压比电子的大,能够承受更重的力。虽然中子星和白矮星都是简并星,但典型中子星的引力是白矮星的10亿倍以上(图7)。

恒星变成中子星,想要稳定下来。超新星爆发后,中心

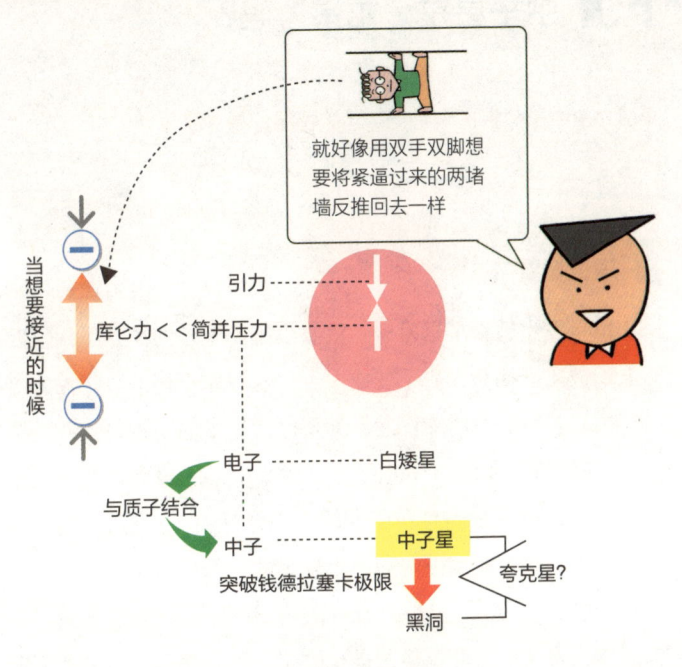

图 6　简并压是关键词

残留核的质量如果在钱德拉塞卡极限即 1.44 倍太阳质量以内，核心就会保持中子星的状态。但是，如果核心质量在 1.44 倍太阳质量以上，超过了钱德拉塞卡极限，核心本身的引力收缩不会停止，中子的简并压被引力"打败"，恒星变成黑洞。但是最近有研究称有一种处于中子星与黑洞之间的状态，密度比中子星高的"夸克星"，这部分还是未知领域。

　　中子星本身是由中子构成的像一个巨大原子核的恒星，中

宇宙篇 第3章 奇异的天体

图7 中子星示意图，伴星表面的物质掉落到中子星上
（图片来源：NASA）

子可以相当自由地移动，变成液体一样的状态。由于中子星密度超大，这种状态与一般的流体不同，是超流体状态。超流体是指液体无摩擦流动的状态，是宏观尺度上显现出来的量子力学的状态。

脉冲星是可以辐射出脉冲状的可见光、射电波或 X 射线的天体。它的自转速度极快，每秒可自转数十周，两极不断辐射出强力的电磁波。脉冲星的真面目其实是中子星。脉冲星有一种突变现象，即辐射出来的电磁波脉冲周期突然增加。这可能是中子星内部的带电物质与超流体互相作用而产生的。

69

■ 理论产生的背景

1930 年以后，理论上预测在超新星爆发的遗迹中有中子星存在。此后经过了约 30 年，1967 年休伊什和伯奈尔实际观测到中子星时，发现其电磁波的周期十分规律，并不像是自然产生的。因此甚至被认为是地球外智慧生命发出的信号，当初发现时引起了很大骚动。电波源被命名为 LGM-1，是小绿人（Little Green Man）的缩写。现在改成了 PSR 1919+21 这个平淡无奇、索然无味的名字。休伊什因为这个功绩获得了 1974 年诺贝尔物理学奖。

脉冲星的脉冲周期极其稳定。因此，人们将其喻为灯塔，称之为"宇宙的灯塔"。NASA 的先驱者 10、11 号行星探测器所用的金属板上，为了标出地球在银河系内的位置，在上面写了从地球上看到的 14 个脉冲星的方向和脉冲周期。

■ 理论的发展

美国物理学家兼科幻作家罗伯特·L. 福沃德所著的科幻小说《龙蛋》中，从科学角度描述了中子星的智慧生命。中子星人被设定为直径 5 毫米的变形虫状。

中子星的平均直径虽然只有数十千米，质量却与太阳相差无几，引力奇大。其表面的大气成分虽然不清楚，但据说有约 1 米厚的大气。5 毫米的变形虫状中子星人在科学上也不是不可能的。

宇宙篇　第3章　奇异的天体

　　中子星人的相对时间尺度与我们相差 100 万倍，地球上经过 15 分钟，中子星人就换了一代。由于这个时间尺度的差异，中子星人以惊人的速度吸收地球文明的知识，并赶超地球。

黑洞

引力十分强大，连光都无法从中逃逸的天体，那就是黑洞。

■ 理论概要

20 世纪前半叶广义相对论被确立，黑洞在理论上被预言存在。随着 20 世纪后半叶 X 射线天文学的兴起，黑洞被确认实际存在。

如果把始于大爆炸的宇宙物质演化比喻成一个主干，黑洞就是这个主干的几个分支之一，物质离开宇宙化成一个黑暗虚无的"洞穴"。可以说这是大爆炸从无到有，又从有到无的最后呐喊（图 8）。

从大爆炸中释放出来的纯粹的能量宇宙，产生了基本粒子，形成轻元素。之后轻元素组成的分子云由于引力收缩，开始核聚变，变成主序星开始发光闪耀。经过主序阶段后，质量小的恒星变成红巨星，再变成白矮星，最后变成黑矮星，化为时空的"斑点"。质量在8倍太阳质量以上的，演化成巨星，超新星爆发后，变成中子星，成为宇宙的灯塔，发挥着自己的作用。

质量在 20 倍太阳质量以上的恒星，由于自身引力大于中子核心的简并压力，超新星爆发后发生引力坍缩，周围形成非常强大的引力场。因此，在某个半径以内，逃逸速度超过了光速，连光都无法逃到外面。传递信息的光，也就是电磁波无法穿透，在这个半径边界往内的信息我们无法得知。这个半径是"史瓦西半径"，拥有这个半径的球面称为"事件视界"。

理论产生的背景

进入 20 世纪 70 年代后，随着 X 射线天文学的发展，这个理论上的预言变成现实，天鹅座 X-1 是首个被确定的最有

图 8 将一切归无的黑洞是什么？

希望的黑洞候选天体。天鹅座 X-1 发出 X 射线，与普通恒星形成双星系统，是 X 射线双星。观测双星的公转周期，可以估算出恒星的质量。另外，从 X 射线的亮度变化的时间尺度，可以推算出 X 射线源的大小。天鹅座 X-1 由此被推测为黑洞。之后，人类又发现了多个 X 射线双星。

黑洞从伴星吸收物质时，会形成吸积盘。气体和尘埃受黑洞、中子星和白矮星等天体的引力作用时，由于自身带有角动量，不会直接掉落到天体表面，而是围着中心天体旋转，形成圆环状。在旋转的过程中，这些物质由于摩擦逐渐失去角动量，最后落到天体表面。在这个过程中，物质带有的势能转换成光能和热能，释放出可见光及 X 射线等电磁波，温度高达数百万 K。

图9　天鹅座 X-1 的艺术构想图（图片来源：NASA）

如果双星都不是黑洞，其中一颗是和中子星一样由简并物质构成的致密天体，气体从另一颗星流向致密星一侧，结果质量增大，形成黑洞。

黑洞本身是不可见的。黑洞从伴星吸收物质时形成吸积盘，可以通过从中释放出来的 X 射线、伽马射线以及相对论性喷流等观测到。

■ 理论的发展

X 射线天文学，是从出生于意大利后来逃亡到美国，参与了原子弹制造的一位物理学家的灵感开始的。他就是布鲁诺·罗西（1905—1993）。地球被厚厚的大气包围着，X 射线被大气吸收无法到达地表。20 世纪 60 年代初期谁都没有想到会有放射强烈 X 射线的天体存在，罗西想着"自然有时超越了人类的想象。现在既然有了到达大气外面的手段……"，将小小的盖革 - 米勒计数器装进火箭送往太空。自此，X 射线天文学开始了迅猛发展。

到了 20 世纪 90 年代，通过对星系核的电磁波观测以及我们银河系中心附近恒星的长期追踪观测，已确认到所有星系中心几乎都存在着数百万倍到数十亿倍太阳质量的大质量黑洞。这意味着什么呢？

第 4 章　星系

银河系

我们太阳系所属的银河系是一个棒旋星系。

■ 理论概要

银河系有约 2000 亿颗恒星，呈中心稍厚的凸镜圆盘形（图 1）。直径约 10 万光年，中心部分是直径约 15000 光年的隆起部分，被称为银核。银核部分多为年龄数十亿年以上的被称为"第二星族"的年老星。另一方面，其外侧的银盘聚集了相对年轻的"第一星族"星，还有相当多的弥散星云和疏散星团。此外银河系还被球状星团和稀薄气体弥散的叫作银晕的球状区域包围着。

我们的太阳系位于银盘部，距离银河系中心约 28000 光年，是一颗很平凡的恒星。当我们仰望夜空，银河方向有很多星星，是沿着银盘方向看到的。往南边，在射手座附近银河看起来变粗了，那是银核。在日本只能看到银核和银盘的一侧。如果到南半球的澳大利亚或巴西等国家，天顶可以看到银核，两侧可以看到银盘，可以真正感受到银河就在眼前。银盘扁平旋转，内部有明亮的旋臂。旋臂从银核向外呈螺旋形延伸。带有这种旋臂的星系叫作旋涡星系。与之相对，有银核和银盘、银盘内没有旋臂的星系是透镜星系。

宇宙篇 第4章 星 系

　　最近人们了解到，银河系并不是单纯的旋涡星系，是中心带有棒状结构的棒旋星系。棒状结构长度约 27000 光年，两端是内侧的旋臂的开端部分。银盘的轮廓也不是完整的圆，是有部分突起的勾玉形状。

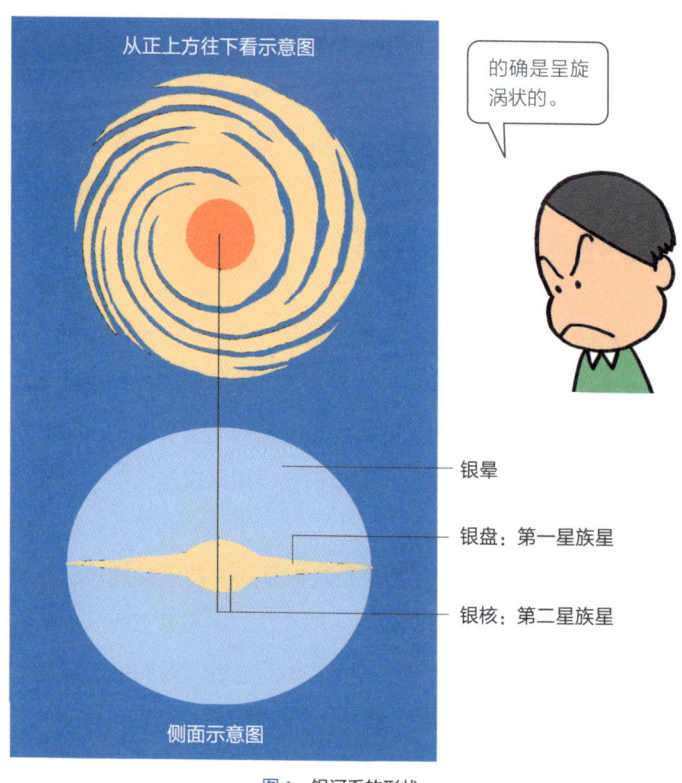

图1　银河系的形状

■ 理论产生的背景

在西方，银河被认为是在天空中流动的牛奶之河。1609年，伽利略用自制的望远镜第一次对准天空，发现银河不是牛奶，而是由许许多多的星星聚集在一起而形成的。此外他还取得了诸多发现，例如月面有凹凸等月面特征、木星有4颗卫星、金星有盈亏相位变化、除了肉眼可见的恒星还有无数的恒星等。国际天文学联合会为纪念伽利略首次用望远镜进行天文观测400年，将2009年定为"国际天文年"。

而首次提出银河系结构模型的，是1775年制造了反射望远镜的英国天文学家威廉·赫歇尔（1738—1822）。他因为发现天王星而闻名于世。19世纪初，英国的罗斯伯爵威廉·帕森斯（1800—1867）发现星云M51（现在称之为涡状星系）呈旋涡状。然而，当时人们并不知道"涡状星云"到底是银河系内的一个小结构，还是银河系外与银河系对等的星系，长期以来对此多有争论，一直没有定下来。帕森斯斟酌了金钱和空闲时间的分配，制作出超越赫歇尔的望远镜，用来观测天空，发现了星云有旋涡。

在19世纪，人们并不清楚银河系到底是不是旋涡状，并且认为银河系或许是全宇宙唯一的存在。如果是那样，在天空中应该看不到类似的东西。进入20世纪后，人们已经清楚了银河系是旋涡状的，而"涡状星云"或许只是银河系内部的一个小旋涡。

随着望远镜技术的发展，人类的可观测范围扩大到银河

图 2 埃德温·哈勃

系以外。1923 年，在美国加利福尼亚的威尔逊山帕洛玛天文台，埃德温·哈勃（1889—1953）用当时世界上最大的望远镜，观测了"涡状星云"中的造父变星，并算出其距离远大于银河系的半径。这证明了"涡状星云"是在银河系以外的其他星系。

哈勃还发明了根据星系的外观形态对星系进行分类的方法，称为哈勃序列（图 3）。哈勃将星系分为椭圆星系、旋涡星系和透镜星系三大类（后来人们又补充了不规则星系）。那么，旋涡星系的旋臂是怎么产生的呢？

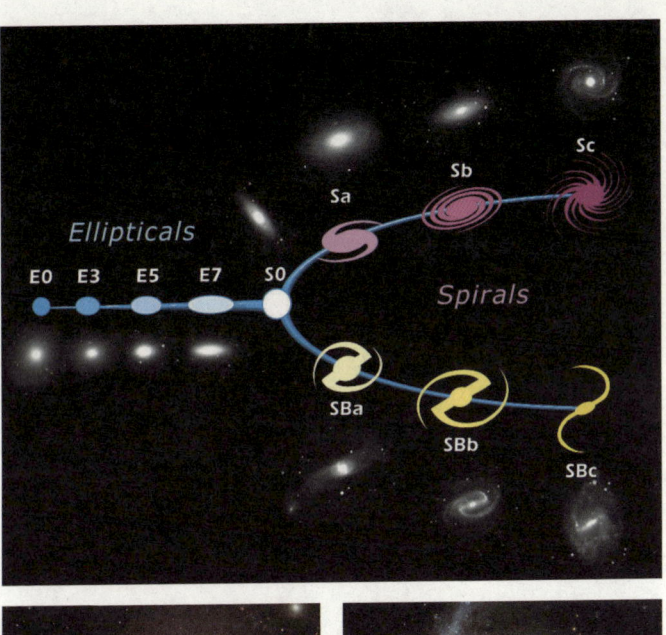

椭圆星系

旋涡星系

透镜星系

图 3　哈勃序列及星系分类

（图片来源：NASA）

旋涡星系的动力

旋涡星系的形状随着密度波的波动而变化，这个密度波是由黑洞引起的。

理论概要

旋涡星系的形状并不是一成不变的稳固结构，实际上会随着物质的密度变动而变化。因为星系盘内的恒星轨道并不是围绕星系中心的正圆，而是椭圆轨道，这使得恒星与星系中心的距离平滑地变化，恒星及其周围的星际气体密度随之变化。就像往池塘里投小石子会产生涟漪一样，星系内的密度波的涟漪缓慢扩散，星系盘内恒星密度高的部分呈现出螺旋状。

旋涡星系的旋臂，是星系盘产生的螺旋状密度波呈现出来的形状。星系盘内的恒星并不是一直停留在我们当前观测到的位置，而是随着轨道运动，定期穿过旋臂部分。就好像在高速公路上堵塞的车辆，车辆并不是一直停在一个地方的。虽然速度很慢，但还是在移动，总会从拥堵路段走出来。同样，构成旋臂的恒星也不总是同样的，而是经常发生更替，但旋臂本身作为恒星密度较高的部分一直在同一个位置。

说到椭圆，太阳系的公转轨道也是椭圆的呢。

正是这种密度波的波动产生了旋臂和星系中心的棒状结构。结合星际气体影响的研究，现在也基本明确了各种不同形状旋涡星系存在的原因。旋涡星系中角动量（转动动量）随着密度波传送，物质聚集在星系中心。物质之所以流入星系中心的超大质量黑洞，也是这个原因（图4）。

如果超大质量黑洞一直这样吞噬星系的物质，星系是不是会越来越衰弱？不用担心，新的物质会从星系之间的空间逐渐吸积，变成星际气体，星系得以维持形状并继续成长。密度波分配这些物质，将星系从黑洞的吞噬中解救出来，避免其变得

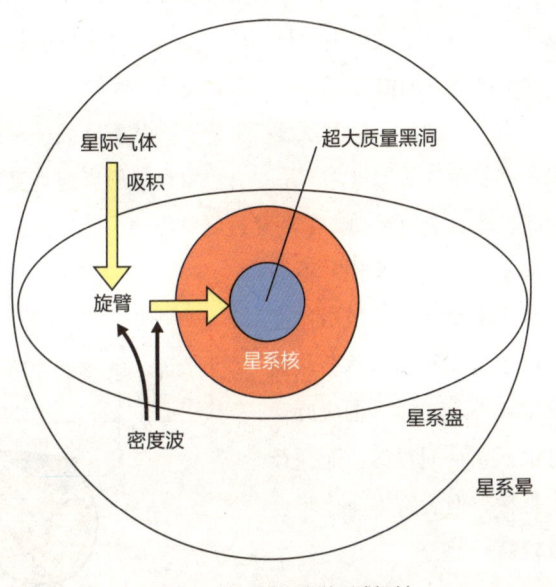

图4　超大质量黑洞的形成机制

衰弱。就是这种密度波，将宇宙保持在充满活力的状态。

那么，密度波是怎么产生的呢？是什么东西往星系了投入了"小石子"，产生了密度波"涟漪"的呢？正是将星系物质吸入到星系中心超大质量黑洞的行为，或者时空密度的波动变化产生了密度波。

超大质量黑洞被认为是活动星系核的中心引擎，为了提供活动星系核释放的庞大能量，中心的黑洞一年必须吞噬一颗恒星。如果真的是这样，那星系中心的黑洞就是一个两面宿傩（有两张脸的妖怪），一边吞噬星系物质，使星系变得衰弱；一边通过密度波为星系提供活力。

■ 理论产生的背景

20 世纪后半叶，人类了解到宇宙中有两种黑洞。一种是恒星进化到最后，消耗掉所有的核能之后，因自身引力坍缩而形成的小质量黑洞，质量约为太阳质量的 10~20 倍。另一种是隐藏在星系中心的超大质量黑洞，其质量在 100 万 ~100 亿倍太阳质量之间。

进入 21 世纪后，通过 X 射线望远镜的观测，人们发现了第三种黑洞——质量在小质量黑洞和超大质量黑洞之间的中等质量黑洞，它们是 X 射线源。科学家使用相关数据，建立了一个中等质量黑洞成长为超大质量黑洞的黑洞演化理论。

首先，星系之间发生冲突，爆发式地形成恒星，一下子制造出大量的高密度星团。高密度星团中，由于力学摩擦，大质量恒星的动能被低质量恒星夺取而落在星团中心，在很短的时间内诞生出质量在 100 倍太阳质量以上的超大质量恒星。超大质量恒星很快发生引力坍缩，星团中心产生质量为数百倍太阳质量的黑洞，不断吞噬周围的恒星继续成长，然后变成 X 射线源开始闪耀。

不久质量为数千倍太阳质量的中等质量黑洞诞生，作为明亮的 X 射线源可以被观测到。拥有中等质量黑洞的星团，在母星系中受力学摩擦作用进入星系中心。受母星系的潮汐力等作用，形成星团的恒星开始散开，只有中等质量黑洞留在了母星系中心附近。

星团一个接一个落在中心，中等质量黑洞在星系中心聚集。它们放出引力波并进行合并，成长为一个超大质量黑洞。同时通过吞噬周围的恒星和气体，以活动星系核的形式开始活动（图 5）。

那么，星系到底是如何形成的呢？

宇宙篇 第4章 星 系

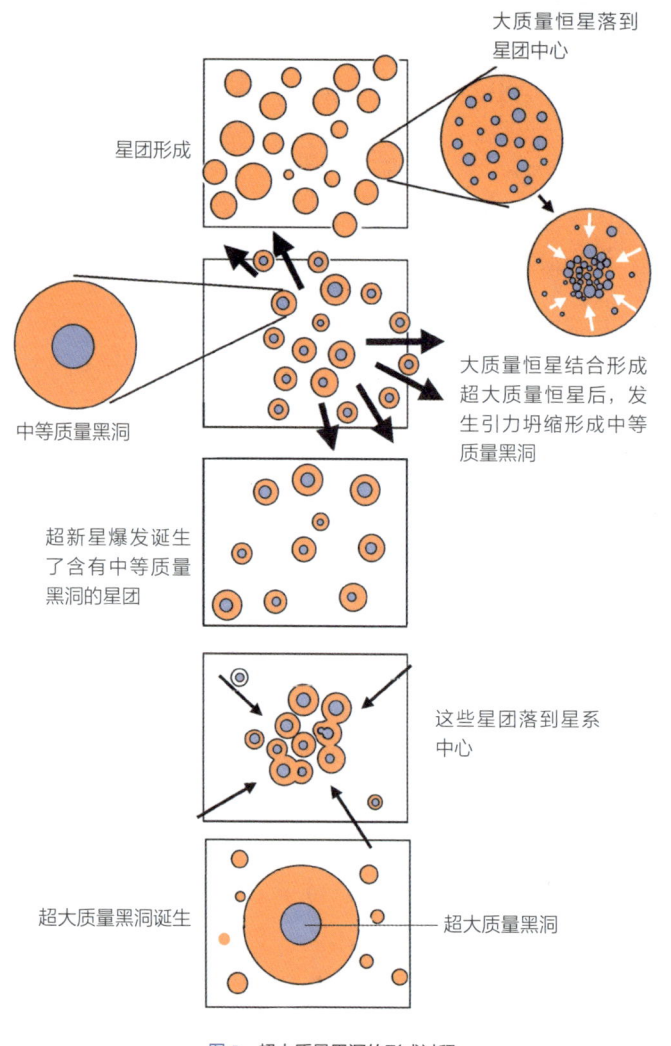

大质量恒星落到
星团中心

星团形成

中等质量黑洞

大质量恒星结合形成
超大质量恒星后，发
生引力坍缩形成中等
质量黑洞

超新星爆发诞生
了含有中等质量
黑洞的星团

这些星团落到星系
中心

超大质量黑洞诞生

超大质量黑洞

图5 超大质量黑洞的形成过程

87

星系的形成和宇宙大尺度结构

在宇宙的大尺度范围内，"长城"和"巨洞"交错，结构复杂。这种结构被称为"宇宙大尺度结构"。

■ 理论概要

构成宇宙的基本单位——星系是如何形成的呢?

宇宙在因大爆炸而诞生的 10 亿年后，在整个宇宙广泛分布着的稀薄气体物质和能量的密度产生波动。波动部分由于自身引力逐渐收缩，慢慢开始旋转，巨大的气体云在宇宙的各处同时大面积诞生。这些气体云由于自身引力，收缩速度和旋转速度逐渐变大，整体扁平崩塌，形成了星系圆盘。这就是现在被广泛接受的星系形成的"气体云收缩模型"。

■ 理论产生的背景

研究星系的分布可以发现其中存在偏差，分布并不是均匀的。在直径数百万光年范围聚集了数十个星系的叫作星系群。银河系、仙女星系及周边的星系形成一个集合，被称为本星系群。本星系群的星系数量约为 30 个，半径约 300 万光年。还有更大的星系集合被称为星系团。

星系团中星系的数量从数十个到数千个不等，半径达到 1000 万光年。

宇宙篇 第4章 星 系

距离地球最近的星系团是室女座星系团，距离约为 6000
万光年，约 2500 个星系聚集在直径 1200 万光年的空间中。该
星系团与其他星系团（群）组成直径超过 1 亿光年的大型集
合，被称为本超星系团（图 6）。我们所在的本星系群就属于
本超星系团。

图 6　超星系团（图片来源：NASA）

星系
<
星系群
<
星系团
<
超星系团
这样啊！

宇宙就这样形成星系－星系群－星系团－超星系团的层次结构。20世纪80年代以后，随着观测技术的进步，现在可以研究数十亿光年范围的星系分布情况，从而了解到更大的结构。

研究结果认为超星系团分布像是线和平面的墙壁一样。这种巨大的"墙壁"被称为"长城"。

另外，超星系团之间还存在着基本看不到星系的"巨洞"区域。长城与巨洞错综交错的宇宙大尺寸结构，就像肥皂水产生的一层层堆积的泡泡一样。也就是说，在泡泡的膜面长城中存在星系，而泡泡里面的空洞则几乎不存在星系，因此这样的结构也被称为"泡泡结构"。

■ **理论发展**

宇宙的泡泡结构是怎样形成的呢？大爆炸后，先是宇宙的基本单位——星系聚集诞生，然后按照星系－星系群－星系团－超星系团这个层次结构顺序演化成现在的宇宙——这个假说叫作"自下而上模式"；大爆炸之后，先产生泡泡结构，然后按照超星系团－星系团－星系群－星系的顺序演化成现在的宇宙——这个假说叫作"自上而下模式"。无论哪一种模式，用电脑模拟显示都需要花费相当长的时间，从大爆炸开始演化到现在要超过140亿年。也就是说，形成现在的层级构成的大尺度结构是不可能的。

于是，就不得不提到万能的暗物质（图7）。暗物质是尚未查明真相的肉眼不可见的物质。假设存在暗物质，它就会像方程中的未知数一样出现在可解释的现象中。但最近,这个未知数也差不多要解开了。

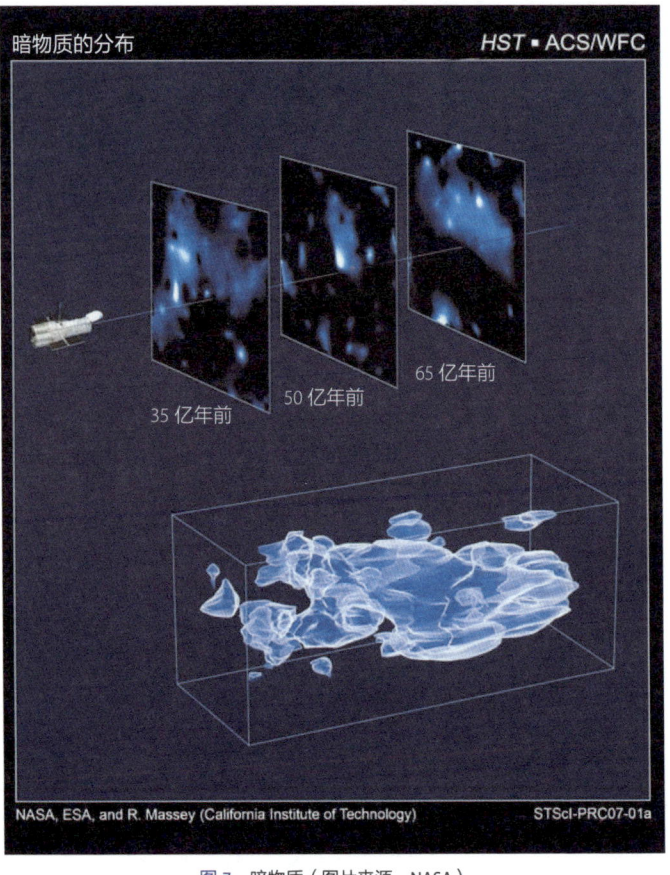

图 7 暗物质(图片来源:NASA)

暗物质

宇宙中应该存在着冷暗物质，而不是热暗物质。

理论概要

有几个天文学上的证据证明宇宙中存在着"看不见"的暗物质。

首先是旋涡星系在旋转。通过超级计算机模拟得知，旋转圆盘只靠圆盘自身的引力无法保持旋涡形状。几圈后旋涡就会被卷走，变成棒状。要维持稳定的旋涡结构，就要假设周围存在着阻止旋涡被卷走的物质。通过观测星系中恒星的运动和星系团中星系的运动可以推测出星系和星系团的质量，这样得到的质量远远多于通过可见光看到的物质推算得出的值。多出来的质量被假设为暗物质（图 8）。

其次是宇宙的不均一结构。宇宙的不均一结构是由于引力不稳定产生的。最初在物质密度高于平均密度的地方吸引周围的物质，密度变得更高。相反，密度低的地方物质流向高密度区域，密度进一步减少。这里面，首先从一开始就必须存在物质密度的波动。根据宇宙膨胀说，应该能够观测到宇宙微波背景辐射的波动，但长期以来都没有实际观测到。

宇宙微波背景辐射极其均匀。另一方面，现在的物质分布

宇宙篇 第4章 星 系

图 8 左图是星系分布，右图是暗物质分布（图片来源：NASA）

波动很大。为了解决这个两难问题，理论物理学家们最终还是求助于暗物质。尽管如此，宇宙的初期必须存在波动，无论它是多么微小。但是，从地球上的观测来看，又十分均匀。引力不稳定的设想似乎得到了确认。

■ 理论产生的背景

1992 年 4 月，美国国家航空航天局（NASA）提供了一份证据。COBE（宇宙背景探测器）探测到十万分之一的细微的温度涨落（图 9）。在宇宙中诞生的我们人类目击了宇宙创生的场面。或许这才是宇宙中生命进化的目标之一。

这是证明 20 世纪诞生的大爆炸宇宙论正确性的确凿证据。

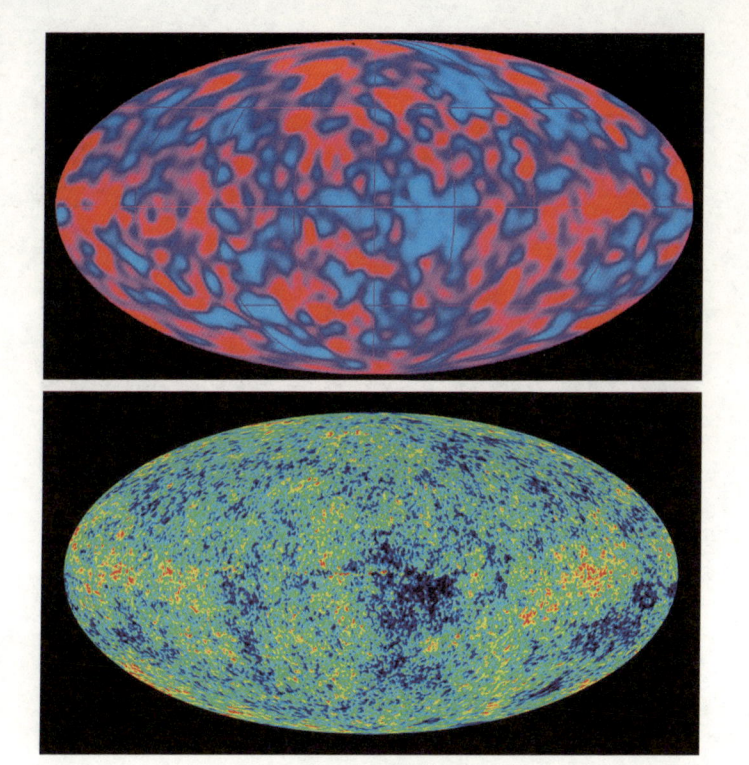

图 9　宇宙背景辐射全天图

上图数据来自 COBE，下图数据来自精度更高的 WMAP（威尔金森微波各向异性探测器）。

▇ 理论的发展

根据相对论，能量与物质可以相互转换，是等价的。构成整个宇宙的能量中，物质占了约 32%。

整个宇宙的物质中，天体及包括我们在内的物质是由质子和中子等实体物质组成的，只占了全部能量的约 5%。剩下的27% 虽然有质量，但是是不发光的暗物质。暗物质是肉眼可见物质的近 6 倍。如果是这样，认为它在恒星和星系的形成中发挥了重要作用也就理所当然了。

那么，暗物质的真面目到底是什么呢？暗物质具有质量，但不发光，因此不仅不具有电荷，还很稳定。也就是说寿命非常长，不会衰变。在已知的粒子中，中微子可以满足这些性质。但是，中微子的运动速度接近光速，质量非常小。由这些速度很大的轻物质组成的暗物质叫作热暗物质。但是热暗物质不能很好地解释星系的形成。

另一方面，速度比光速小很多、质量较大的粒子组成的暗物质叫冷暗物质。已知的基本粒子中，没有可以作为冷暗物质候补的粒子，因此只能考虑未知粒子，并且也不能随意添加粒子。但是，某种超对称性理论或许可以扩展基本粒子的标准理论，包含稳定的中性粒子，现在正在研究当中。

第 5 章
宇宙的诞生与终结

宇宙膨胀说

宇宙膨胀是 20 世纪的大发现。

■ 理论概要

1915 年，爱因斯坦建立了包含时间和空间在内的广义相对论。他认为，宇宙的大尺度结构和状态是由引力决定的，宇宙是封闭的四维时空球，有限但是没有边界。

这个想法是空前的，超出了常识。它让我们不再局限于单个恒星或者星系，而是可以讨论宇宙整体的结构和历史，是现代宇宙论的基础。

但是，爱因斯坦遇到了一个非常麻烦的问题。他假设恒星和星系以相同的密度分布在宇宙的任何方位及任何地方，即各向同性。按照这个假设，宇宙一刻也无法静止。引力使天体相互吸引，宇宙整体最终塌缩消失。当然，爱因斯坦认为如果是这样就麻烦了。为了对抗物质间的万有引力，他在引力场方程中添加了一个新的常数，即宇宙常数。

荷兰的威廉·德西特（1872—1934）收到爱因斯坦的来信，反复计算了这个方程式，很快得出了"宇宙在膨胀"的答案。另外，苏联物理学家亚历山大·弗里德曼（1888—1925）提出，即使不勉强考虑宇宙常数，如果物质存在的宇宙不断持续膨胀，宇宙就可以像如今我们见到的那样稳定（图1）。但是，爱因斯坦无法接受这个说法。

理论产生的背景

古希腊人就已经认真思考过：如果宇宙空间是有限的，那

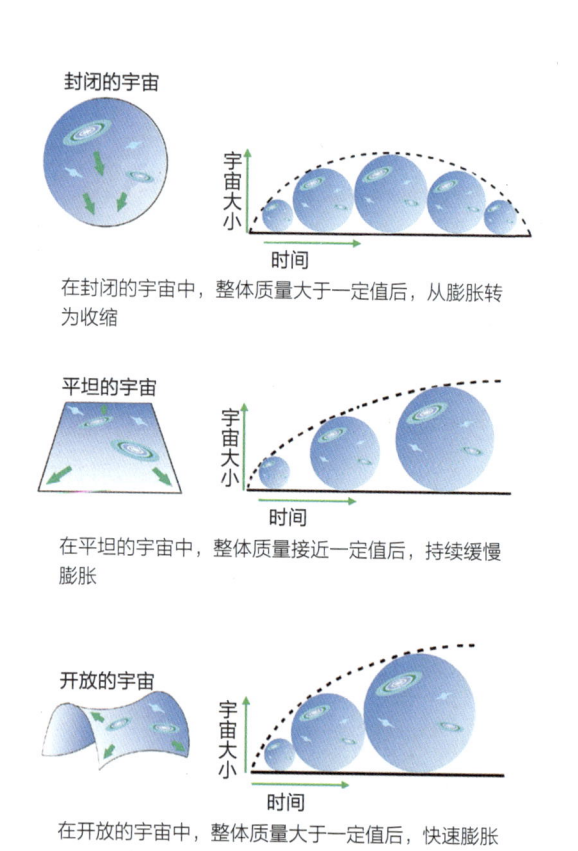

图 1　弗里德曼的宇宙模型

么走到宇宙尽头的人向外伸手，手会伸到哪里去呢？古希腊提出了原子论的德谟克利特主张，无限的宇宙存在着无限颗星星。但是如果是那样的话，夜空中应该布满了星星，整个天空都在闪耀。为什么夜空是黑暗的呢？后来，托勒密提出的地心说认为，星星贴在天球上，在这之外什么也没有，从而回避了这个疑问。

牛顿创立万有引力理论时，已经在主张无限宇宙论。他将自己发现的万有引力定律应用到恒星世界，证明如果恒星世界是永恒的，那宇宙必须是无限的。如果宇宙是有限的，那就有中心和边界。边界的物质受万有引力的作用而落到中心，总有一天宇宙会塌缩。宇宙要永远存在不塌缩，就要在没有中心没有边界的空间散布恒星，万有引力相互抵消。

如果宇宙是无限的，晚上应该会很明亮，为什么夜空是黑暗的呢？这就是奥伯斯佯谬，由德国天文学家、医学家和物理学家海因里希·奥伯斯（1758—1840）提出。他认为宇宙间充满气体和尘埃，它们吸收了远处恒星的光，所以夜空是黑暗的。1844 年，英国天文学家约翰·赫歇尔（1792—1871）提出了下面的观点：如奥伯斯的不透明宇宙说提出的一样，光被吸收消失了，但光的能量使气体温度升高，气体产生热辐射，夜空应该会变得明亮。

■ 理论的发展

最终对奥伯斯佯谬的解释是：可观测的宇宙区域是有限的，并不是有无限颗恒星的光到达地球。直接的证明是1929年哈勃发表的宇宙膨胀说。他利用大型望远镜测量了多个遥远星系的红移和距离。由于宇宙膨胀，星系看起来离我们远去，而红移量与远离的速度成正比。这显示了星系的红移，也就是退行速度与星系的距离成正比（图2）。这是宇宙实际在膨胀的证据，爱因斯坦也不得不认同。

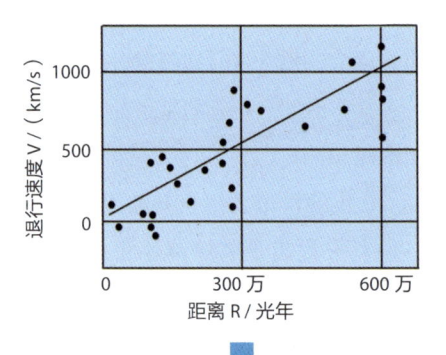

星系距离越远，退行速度越快。这证明了星系在加速远离。

图2 哈勃定律

宇宙诞生于大爆炸

"真空"宇宙从"无"中诞生。

■ 理论概要

假设宇宙在膨胀，那么将时间倒退，沿着逐渐远离的星系轨迹倒回去，在某个时间点所有的星系都集中在一个地方。这到底是怎么回事呢?

持续了近20年的世纪大辩论开始了。开端是1946年，美国的乔治·伽莫夫提出了大爆炸宇宙论（图3）。与此相对，霍伊尔等人于1948年提出了稳恒态宇宙论（图4）。1965年，美国贝尔电话实验室的彭齐亚斯和威尔逊发现了宇宙微波背景辐射，这是宇宙还是充满高温等离子体的"火球宇宙"时发出的光！基于此，大爆炸理论确立了现在的标准宇宙模型的地位。

天体物理学家开始考虑是否可以使用宇宙微波背景辐射测量早期宇宙的性质。根据大爆炸理论，这个辐射包含了在距离现在100亿年以前，物质在宇宙中是如何分布的信息。

大爆炸后不久，恒星和星系都还没有形成。宇宙是由氢、氦的原子核和电子组成的等离子体状态的高温"汤"。这些粒

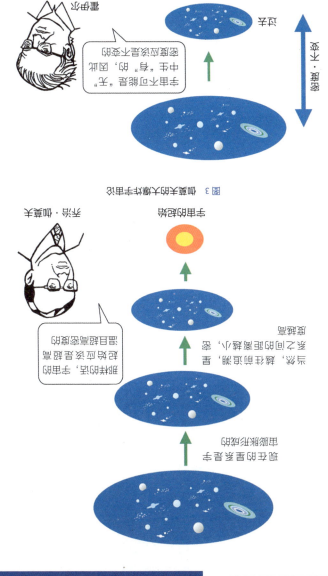

子与宇宙微波背景辐射的光子发生碰撞，宇宙是一片混沌的状态。不久，由于宇宙膨胀，辐射变冷，电子与原子核结合，形成了氢原子和氦原子。

通过这个结合，宇宙把电子这个"障碍物"封闭在原子里面，原子间的空间一下子变得开阔起来，变成了能看清对面的状态。这就是"宇宙放晴"。

理论产生的背景

但是，大爆炸理论并没有完全压倒稳恒态宇宙论。

现在仍有少数学者致力于修正稳恒态宇宙论的研究（图5）。大爆炸理论存在着重大疑问。如果大爆炸中宇宙向所有方向均等扩散，那就不会有什么特定的地方与其他地方不一样。像星系这样的特殊物质集合是怎样形成的呢？

1992年，COBE卫星发现了宇宙诞生仅10万年后的温度涨落，显示了在温度高的地方，物质要比周围更密集。COBE卫星在整个天空精密观测这个背景辐射，检测到十万分之一的微小温差。在异常灵敏的传感器开发出来的COBE卫星时代以前，是无法进行这种观测的。

理论发展

相对论和量子力学认为，我们的宇宙是从没有时间、空间、物质的"无"，通过量子效应产生的。那么，"无"是什么呢？

"无"是彻底真空的概念。这里的真空，不是常识中什么

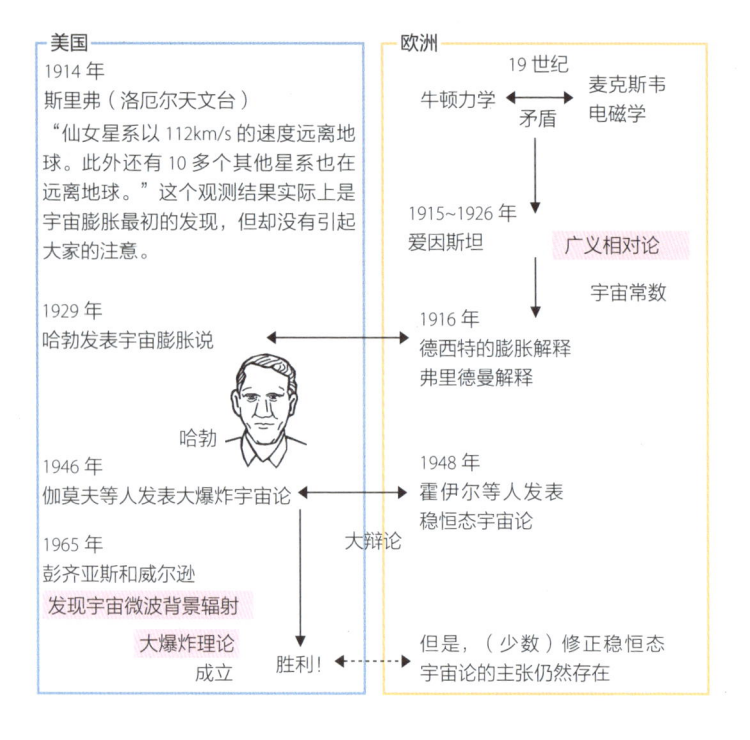

图5　宇宙论的发展

都没有的状态，而是尽可能抽空能量的状态。说到底，这是20世纪创立的量子论的真空概念。就算尽可能地抽空能量，波动还会残留。这个波动是基本粒子反复生成和消失产生的，物理上无法消除。基本粒子在极短的时间内生成又消失的波动状态就是真空。真空中粒子在零点能附近，在"存在"和"不存在"之间摆动。不仅是粒子，就连空间也在"存在"和"不存在"之间摆动。这就是无。

真空从无的状态，通过量子隧穿效应，像泡泡一样出现到这个世上。量子隧穿效应是具有低能量的粒子穿过极薄能量墙的现象。半导体就是利用这个原理制成的。宇宙创生中，量子隧穿效应就是连接无和真空的纽带。粒子出现又消失，是粒子和反粒子突然同时生成又湮灭的世界。粒子的生成需要能量，而量子隧穿效应下刚刚诞生的真空，具有无中生有的能量。

这个"真空的能量"将刚诞生的点一样的宇宙一下子扩大到数亿光年大。这就是"暴胀"。暴胀使宇宙变成超高温、超高密度的火球。前面所说的 COBE 卫星检测到的辐射差异，与暴胀所预言的非常吻合。

霍伊尔也是科幻小说作家，其创作的科幻小说《黑云压境》讲的是一团有着智慧生命的星云来到太阳系，给人类带来灾难的故事。

暴胀理论

我们是大爆炸的孩子。

■ 理论概要

　　像泡泡一样，从"无"中诞生到这个世界的宇宙所拥有的真空能量，具有急剧膨胀的性质。真空单位体积的能量是恒定的。因此，随着宇宙膨胀，真空的能量也增加，将刚诞生的宇宙一举扩大开来。也就是说，发生了宇宙暴胀。暴胀这个名字，取自描述物价水平急剧上升的经济术语。宇宙急剧变大，密度就会变低，温度急剧下降，于是就陷于了过冷状态。就像水达到冰点以下但暂时没有结冰，还保持水的状态的现象。庞大的能量作为潜热储备起来。储备在物质内的潜热，在物质液化或结冰时，随着物质状态的变化被释放出来。物质的固体、液体、气体等不同状态，被称为"相"（如固相）。这种物质状态的转变叫"相变"。

　　宇宙在暴胀中由于急剧膨胀变得过冷，接着庞大的潜热通过真空的相变被释放出来，使宇宙变成由夸克－胶子等离子体组成的火球宇宙。

■ 理论产生的背景

如果"无"的量子波动是宇宙的出发点，那么现在存在的各种物质，包括我们地球上的人类，是在什么时候、怎样诞生的呢？事实上，所有的物质来源于暴胀时期产生的庞大能量。

约 138 亿年前，暴胀使得能量物质化时代开始，宇宙膨胀的同时产生了基本粒子，物质不断形成。在这期间，这些粒子在光无法透过的非常浓密的"浓汤"状态下，在宇宙中漫无目的地飞来飞去。然后在适当的地方平静下来，宇宙放晴了。这大约发生在宇宙诞成约 38 万年的时候。然后形成了恒星、星系、星系团，之后产生了我们人类等生物。

■ 理论的发展

那么，暴胀是怎样开始的呢？那时候宇宙的半径大约是 10^{-33} 厘米。没有确切的理论适用于这样的宇宙，宇宙论和基本粒子理论在这里只能一体化，"超弦"这一新的理论受到了瞩目（图 6）。这个理论在 20 世纪 80 年代中期以后，在追寻宇宙根源的终极理论的探索中占了主导地位。

在那之前，人们认为最基本的存在是没有大小的点。但是，如果基本粒子是点，支配宇宙的引力无论如何都无法与其他三种力——电磁力、强力、弱力协调统一。并且如果在高温条件下，将出现非常荒谬的结果。

但是，如果最基本的要素是弦或者环的话，那么这些问题都能够解决。但这样会出现意想不到的缺陷。这种理论不是在我们熟悉的三维，而是在拥有更多维空间的宇宙中才有用。

弦理论先驱加布里埃尔·维尼齐亚诺等人提出了膜宇宙论。他们认为，宇宙是漂浮在更高维度的膜，平行的宇宙之间相互交换能量，一方能量增加，另一方则减少。能量减少的宇宙收缩，能量增加的宇宙膨胀，进而暴胀。

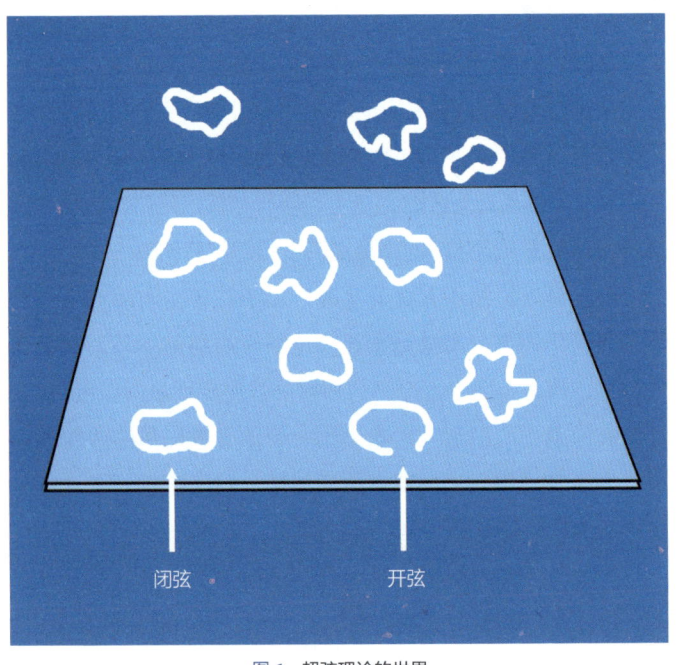

图 6　超弦理论的世界

宇宙的终结

宇宙的命运取决于宇宙的寿命是有限还是无限。

理论概要

如果目前整个宇宙的平均密度大于 $10^{-29} g/cm^3$ 的临界值，那么宇宙的大小是有限的，寿命也是有限的。在膨胀阶段，这个时空封闭的宇宙的平均密度和温度会降低。宇宙最终会达到最大尺寸，然后转为收缩，走上与膨胀相反的道路，密度、温度增加，变成大爆炸时的高温高密度状态然后结束。

在距离大坍缩还有百万年时，原子在宇宙收缩产生高能量的光的作用下分离成原子核和电子。坍缩前一年，恒星开始熔化，因为布满宇宙空间的辐射的温度比恒星的温度更高。同时在星系中心的超大质量黑洞，开始吞噬恒星的残骸和辐射。宇宙变成超巨大的黑洞然后终结。封闭宇宙的命运就是这样子的。

多数学者都认为无法确定大坍缩后终结的宇宙会不会再次开始膨胀。循环宇宙论则认为，大爆炸产生的熵被保存下来，使大坍缩后的宇宙具有能再次引发大爆炸的能量。宇宙不断产生又消失，这一过程重复了 49 次。我们现在的宇宙是第 50 次的宇宙，最终的寿命约为 240 亿~320 亿年。大坍缩之死是重生的开始。

宇宙篇 第5章 宇宙的诞生与终结

一般认为现在的宇宙年龄是 138 ± 2 亿年。根据循环宇宙论，现在的宇宙相当于人类的壮年期。另一方面，宇宙的平均密度如果等于或者小于临界密度，那么宇宙的大小还有寿命都是无限的。这种开放的宇宙永远都在膨胀，宇宙的平均密度和温度也将无限下降。

理论产生的背景

18 世纪后半叶开始的工业革命诞生了热力学这个新的物理学领域。到了 19 世纪中叶，人们认识到熵增定律，开始担心"宇宙热死"。

宇宙会热死这个认识始于这样一个事实：不仅是地球，太阳和无数的恒星都在向宇宙空间排放热量。宇宙空间中的废热逐渐累积，熵增大，温度慢慢上升。只要无数的恒星继续发光，宇宙温度就会继续上升，最终天体全部蒸发，所有的结构都消失，只剩下热气体。

封闭宇宙的大坍缩，也可以视为一种宇宙热死。但是 20 世纪前半叶，美国天文学家哈勃发现了宇宙膨胀，将人们从宇宙热死的恐惧中解放出来。由于膨胀宇宙的体积时刻都在增加，承载废热的空间也增加，宇宙温度不会上升。不仅如此，人们还了解到，由于宇宙膨胀速度很快，温度不仅不会上升，反而会不断下降。

理论的发展

而且，20 世纪末人类震惊地发现，宇宙膨胀在加速。美国劳伦斯伯克利国家实验室的团队观测并分析远处超新星的远离方式后得出了这一发现。之后，WMAP卫星的观测也印证了这一点（图7）。如果这是事实，那就说明在暴胀时，真空能量并未全部转化为热能。真空的能量从那时候开始，在宇宙中一点一点累积，产生斥力促使宇宙膨胀加速。

经计算，促使宇宙膨胀加速的真空能量，大约是宇宙总能量的68%。剩下的约32%是普通物质和暗物质（图8）。在只存在普通物质和辐射的宇宙中，宇宙膨胀会不断减速。要使膨胀加速，需要有与引力对抗的斥力存在。那就是暗能量。这个斥力，就是爱因斯坦自我反省"一生中最大的错误"的宇宙常数。

图7　WMAP卫星（图片来源：NASA）

宇宙篇　第 5 章　宇宙的诞生与终结

　　暗能量和宇宙常数，本质上几乎是相同的。宇宙常数的直观理解，就是真空自身所带的真空能量。于是与暗物质相对应的暗能量这个称呼就逐渐推广开来。

　　这样的话，膨胀宇宙日益扩大，不会迎来大坍缩，而是最终归于虚无。那么，我们人类应该如何应对宇宙的命运呢？

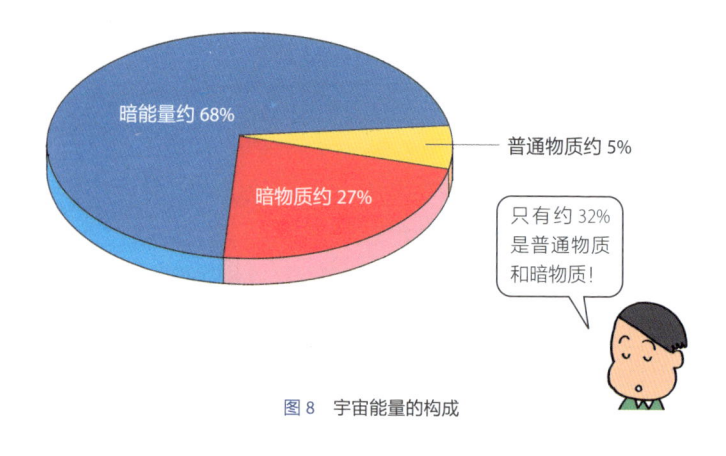

图 8　宇宙能量的构成

113

膜宇宙

沿空间三维方向和时间一维方向（3+1）扩展的是膜宇宙。膜宇宙学认为，我们居住的世界，就是封闭了粒子和力、嵌在高维时空中的膜。

理论概要

时空是十维的，这是超弦理论中一个令人吃惊的预言。我们平时能够感觉到的维度，是三维空间和一维时间加在一起的四维。剩下的六维是额外维度，但我们看不到。

必须要说明额外维隐藏起来的理由。超弦理论有一个紧致化方法可以将额外维卷起来变小。紧致化后的额外维，对能量足够低的物理现象不再产生影响。

1998 年，美国哈佛大学的丽莎·蓝道尔教授发现了与紧致化不一样的想法。在构成原子核的基本粒子中，会遇到从这个世界消失、隐藏起来的矛盾。原本不可能消失的粒子，不知道什么原因而变得看不到了。超弦理论的紧致化无法说明额外维度的形状。人们曾经探讨过时空中有一个开孔的甜甜圈模型，但也不成立。

有一天，当蓝道尔经过横跨波士顿街头的查尔斯河的哈佛桥时，突然灵光一现："没有任何一个理由可以断定不存在五维世界。"

研究了各种可能的模型后，蓝道尔最后从理论上证明了"异维世界是包围了我们三维空间的巨大时空"。这个空前的大

114

发现让整个物理学界为之震惊（图9）。

蓝道尔和她的研究伙伴桑壮采取的方法基于超弦理论中的膜的性质，它能将粒子和力封闭起来。

这里所说的膜就是二维膜状物的扩展，是沿空间三维方向和时间一维方向（3+1）扩展的膜。我们所居住的世界，被假设是封闭了粒子和力、嵌在高维时空中的膜。这样的理论被称为膜宇宙学。

如果假设我们所知的粒子和力全部都被封闭的话，我们所能知道的就只有四维时空，额外维度应该是完全隐藏起来的。但实际上，并不是所有的东西都封闭在膜上。引力肯定会扩张到额外维度，因此无法被封闭在膜上。正是这样，才使得这个模型特别有意思。

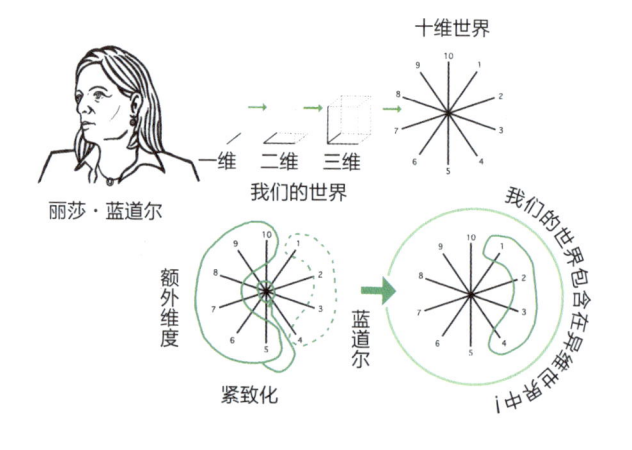

图9　蓝道尔的膜宇宙模型

理论产生的背景

超弦理论真的是"终极理论"吗？谁也不能肯定。假设是这样，所有的疑问都将迎面而解，但那也太过无趣了。

但是，请放心。宇宙学仍存在暴胀的起源、暗物质和暗能量、宇宙常数、层次性问题等诸多谜团。

蓝道尔于1999年发表的模型挑战了层次性问题，就是为什么引力与其他三种力相比极其微弱。例如，受地球引力往下掉的回形针，只需要用很小磁铁的磁力就可以轻易地被拉起。

理论的发展

解开这个谜题的线索在广义相对论中。无论什么物体或能量，都能弯曲时空几何。如果是这样，我们所居住的膜宇宙也能弯曲时空几何。

接下来，就是蓝道尔理论的出场时间了。在其他膜宇宙中，引力具有与其他三种基本力相同的强度。传递引力的粒子（引力子）是由闭弦组成的，因此它可以在五维空间中自由移动。随着引力场向额外维度的扩张，引力强度会呈指数下降，在到达我们所居住的膜宇宙时会减少多达16个数量级，于是变得相当弱了。

宇宙篇　第5章　宇宙的诞生与终结

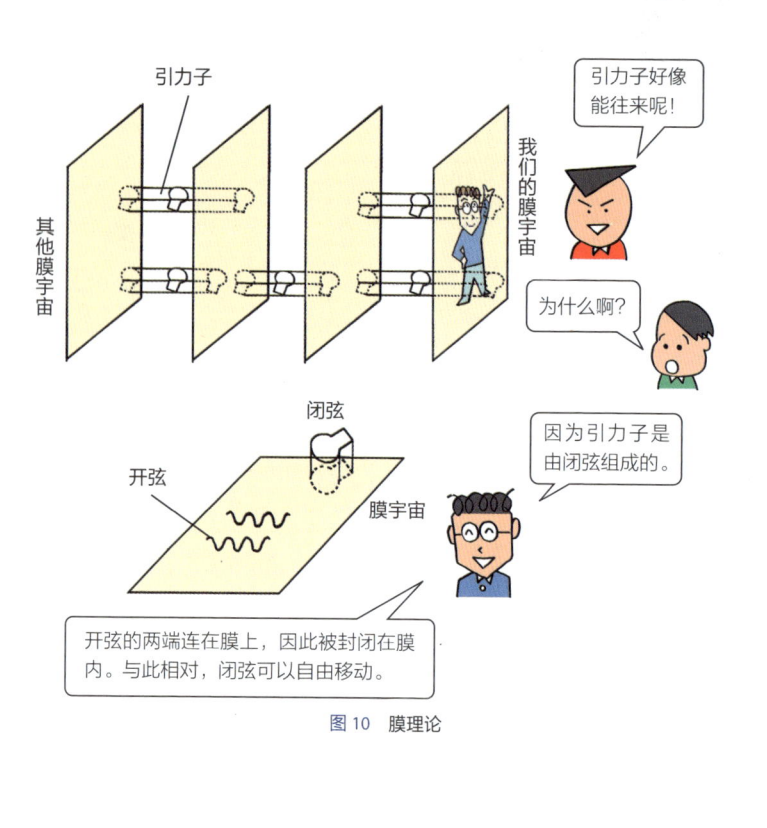

图10　膜理论

06 人择原理

人类在宇宙中是怎样的存在？

■ 理论概要

在哥白尼以前，地心说被视为理所当然的世界真理，地球和居住在上面的人类是世界的中心。但是哥白尼主张世界的中心是太阳，人类不再是世界的主人公。如果将哥白尼的思想一般化，那么人类并不是位于世界中心的特别的存在，而只不过是偶然出现的平凡的存在。这就是平凡性原理，是近代天文学的主导思想。

哥白尼之后，天文学进一步发展，太阳不再被认为是世界中心。事实上，现在的宇宙论认为世界没有中心。银河系、太阳、地球、人类在这个宇宙中都不是什么特别的东西而是很平凡的。那么，地球以外的其他星星上有智慧生命，也不是什么不可思议的事情。这是天文学家的乐观论。

与此相对，生物学家正因为了解生命的奇妙，才显得悲观。分子按某种方式排列而诞生生命的概率是非常小的。他们对这个概率不断计算，从而得出了地球上的生命是宇宙中存在

外星人存在吗？

118

的唯一生命的结论。

到了哥白尼之后400多年的20世纪，出现了更加鼓舞天文学家乐观论的假说。但讽刺的是，从某种意义上来说，这是与平凡性原理正面对决的思想，这就是"人择原理"。人择原理主张"这个宇宙之所以呈现出现在的样子，是因为人类存在"。认识到宇宙存在的，是人类这样的智慧生命；如果没有人类，宇宙就不会被认识到。也就是说只有出现智慧生命的宇宙才会被认识到。

现在，这个宇宙被我们认识到了，因此它应该是被设计成能够产生智慧生命的。虽然有点一头雾水，但如果是设计成这样的话，智慧生命就不会只存在平凡的地球上，在其他星星上应该也存在。

从再次将人类置于宇宙中心地位这一点来说，人择原理可以说是地心说的复兴。

■ 理论产生的背景

人择原理分为弱人择原理、强人择原理和最终人择原理。弱人择原理认为：物理学和宇宙学的所有量的观测值，不是同等可能的；它们偏爱那些应该存在使碳基生命得以进化的地域以及宇宙应该足够年老以便做到这点等条件所限定的数值。

或许有很多并不存在人类这样的智慧生命的宇宙。那样的宇宙中的物理常数、定律或者宇宙的样子也许与我们完全不同。那样的宇宙我们无法认识到，也就等于不存在。这个主张进一步发展就是强人择原理。这个宇宙已经被我们观测到，它具有在历史上的某个时点必然会产生智慧生命的性质。也就是说，这个宇宙是以会产生观测者，并且能够持续生存为目的而设计的。这个宇宙抱有产生人类的目的。

然而，人择原理中的"人"，是不是只限于我们人类呢？并不是，只要是能够产生认识的主体，什么都可以。无论是外星人，还是具备智能的计算机，只要是处理智慧信息的物体，应该无论什么都可以。这就是最终人择原理，即能够处理智慧信息的物体一定会在宇宙中出现，并且一旦出现就不会灭亡。

理论的发展

在智慧信息处理的认识过程中接着出现的，可以说是行动。那么，是什么样的行动呢？信息处理的延伸，应该是信息处理体之间的相互联络吧。以他人为己镜，认识到自我。银河系内部恒星的信息处理体之间建立网络，进而构筑起覆盖整个宇宙时空结构的信息网。这个全宇宙的信息网，必然会注意到宇宙的命运。

如果无论采取什么手段都无法避免大坍缩，那就着手创造下一个宇宙。如果循环宇宙论是正确的，下一个也就是第51次的宇宙中，装载了第50次宇宙信息的智慧的时间胶囊被送进去。如果从"无"开始的泡泡宇宙最终只能归于虚无，或许它会逃到其他的泡泡宇宙。

无论如何，全宇宙的时空全域信息的网络主体，只能面对宇宙的命运并采取行动。我将其称为终极人择原理。

地球篇

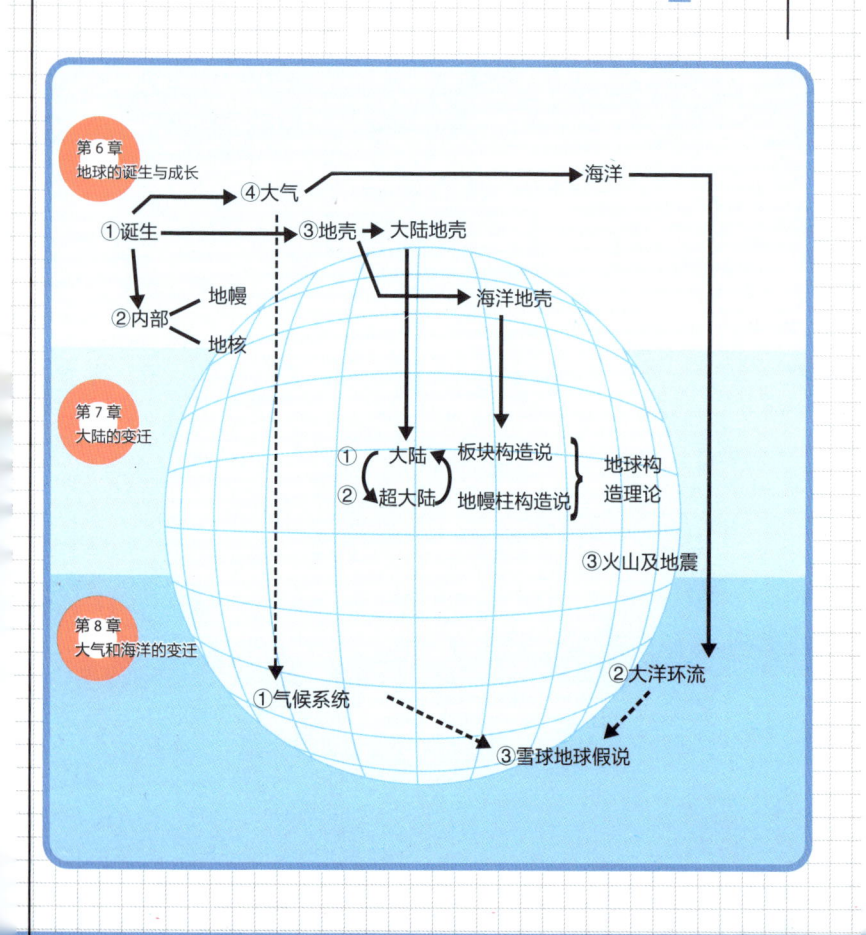

第 6 章

地球的诞生与成长

从残渣中诞生的地球

超新星爆发产生气体和尘埃等宇宙残渣，地球从这些残渣中诞生。

理论概要

距今约 46 亿年前，巨大的气体分子云发生引力收缩，原始太阳开始发光闪耀。当分子云的角动量（旋转运动量）达到适当的程度，原始太阳的周围会形成圆盘状的气体云，这就是原行星盘。如果气体云的角动量太小，太阳将会变成孤立的恒星，不存在行星系。如果角动量很大，太阳将成为一个有伴星的双星系统。

气体云的成分主要是大爆炸产生的残渣——氢和氦。此外还含有微量比氢和氦重的元素，这些重元素是在恒星中制造出来的，因超新星爆发而扩散开来。受原始太阳辐射影响，原行星盘的初期温度较高。随着温度逐渐冷却，气体凝结成尘埃和冰等固体微粒，分散在原行星盘各处。微粒不断相互碰撞，因引力的不稳定而聚集成长为直径 1 千米左右的微行星（图 1）。

之后在地球诞生的轨道附近，形成了近 100 亿颗微行星，多数微行星最后由于激烈碰撞而破碎。但最大的那些微行星在这种碰撞中生存下来，通过聚集而不断变大，形成原始地球（图 2）。这个过程自微行星形成起经过了数百万年到 1 亿年左右的时间。

地球篇　第 6 章　地球的诞生与成长

图 1　微行星示意图

原始太阳的周围分散着无数的微行星。（图片来源：NASA）

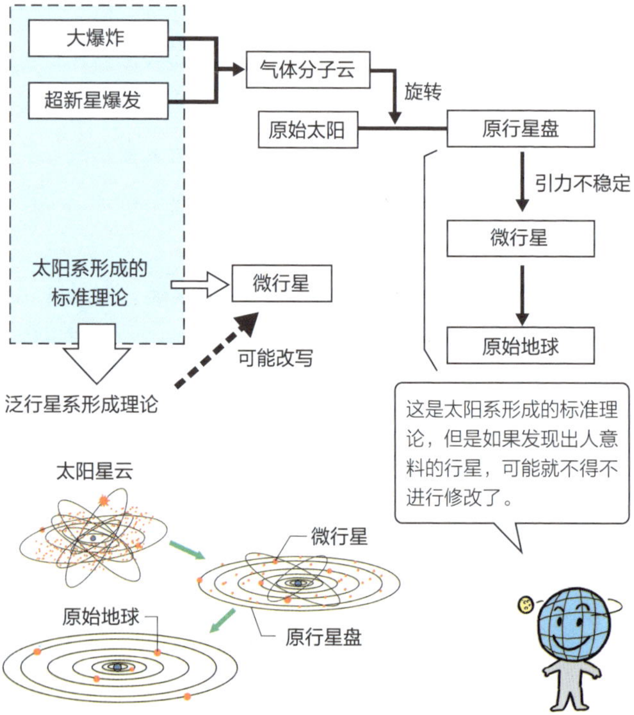

大爆炸
超新星爆发
气体分子云
旋转
原始太阳
原行星盘
引力不稳定
微行星
原始地球

太阳系形成的标准理论

泛行星系形成理论

微行星

可能改写

这是太阳系形成的标准理论，但是如果发现出人意料的行星，可能就不得不进行修改了。

太阳星云

微行星

原始地球

原行星盘

图 2　从大爆炸到原始地球诞生

125

理论产生的背景

这个微行星假说之所以被广泛接受，是因为它能够合理说明太阳系整体性质。它对没有任何人见证过的地球诞生过程，按照相应的合理顺序进行了说明。

微行星假说假设了原始太阳系的初期状态，使用物理和化学定律，对太阳系如何随时间推移变化，从理论和模拟上进行了研究。人们将研究结论与各种观测数据对照，以确认模型的正确性。

观测数据并不仅限于望远镜的观测结果，还有 20 世纪后半叶盛行的探测器对各行星和卫星的探测，以及陨石和行星表面物质的研究。最近，随着对太阳系外天体中存在的行星系的观测研究的不断深入，科学家发现了无法用太阳系形成标准理论进行说明的、出人意料的行星。太阳系形成标准理论不得不扩展为泛行星系形成理论。

太阳系形成标准理论以微行星假说为基础，如果这个理论被修改，则微行星假说也必须做出相应的修改，甚至可能被推翻。但是，目前我们只能根据微行星假说来推断地球的诞生过程。

理论的发展

地球轨道附近的微行星集团中，最大的那些微行星在强大的引力作用下快速聚集周边的微行星，成长为原始地球。变大的原始地球不断与微行星碰撞，产生热能使原始地球升温。最初，这些热能不断被释放到宇宙中。但微行星的碰撞

同时也带来了阻碍散热的物质。微行星中所包含的易挥发的
成分在碰撞中脱离出来，变成气体。这种气体的主要成分是
水蒸气，具有温室效应。

但是，在原始地球的直径达到现在地球直径的约 1/3 前，
从微行星脱离出来的气体无法积聚在表面。一旦超过这个大
小，气体就会笼罩形成原始大气。

当原始地球的直径达到现在地球直径的约 1/2 以上时，微
行星的碰撞速度非常大，地球在碰撞的冲击下被加热，在微行
星的碰撞地点形成了岩浆池。这些岩浆池由于原始大气的温室
效应无法凝固，一直保持着熔岩状态。之后，会怎么样呢？

图 3　原始地球

地球的结构

地球就像一个半熟的煮鸡蛋。

■ 理论概要

原始地球直径达到现在地球直径的约 1/2 以上时，原始大气被碰撞释放的热能加热，温室效应使得整个地球表面温度变高。地表温度超过了岩石的熔点，岩石熔化，地球被岩浆海覆盖。岩浆海的深度至少有 100 千米（图 4）。

岩浆海中，密度小的硅酸盐岩石上浮，密度大的铁等金属下沉。岩浆海底部的铁积聚后，变成大的球体，沉降到地球中心形成地核。当地球达到现在的大小时，地核也变成和现在差不多大。

铁向地球中心运动的过程会产生热能，原始地球内部变得更热，进而分化出地核和地幔。而上浮到岩浆海上层的硅酸盐岩石，通过向宇宙空间散热而冷却，分化成厚厚的岩质地壳。

地球就这样大致上分化为地壳 – 地幔 – 地核的三层结构，但也有来自地球外的影响因素。在诞生时的极早期阶段，原始地球与火星大小的其他原始行星发生大碰撞，或者其他原始行星从附近掠过时发生碰撞，这就是大碰撞假说。

大碰撞的冲击导致整个地球熔化，地核和地幔重新分离，

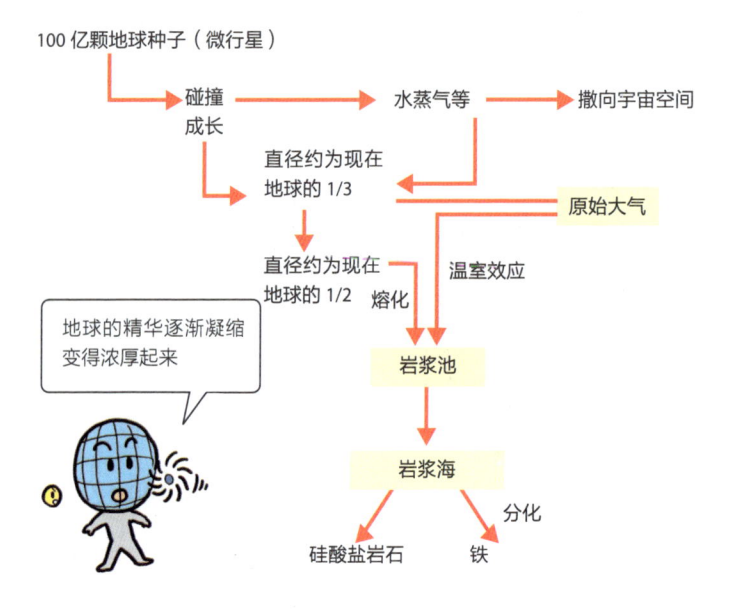

图 4 地球形成设想

容易与岩石化合的氯、钛、铬、铀等元素留在了地幔（甚至地壳）上。构成岩石的主要 8 种元素，即硅、钙、氧、钾、铁、铝、镁、钠等，很快与这些元素结合。

■ 理论产生的背景

就这样地球形成了像半熟的煮鸡蛋一样的内部结构。地壳相当于蛋壳，厚度为 5~30 千米。地壳以下至 2900 千米的深度为止是蛋白，即岩石层地幔。再之下是半熟的蛋黄，即地核（图 5）。这个内部结构在 1930 年左右基本已经明确。

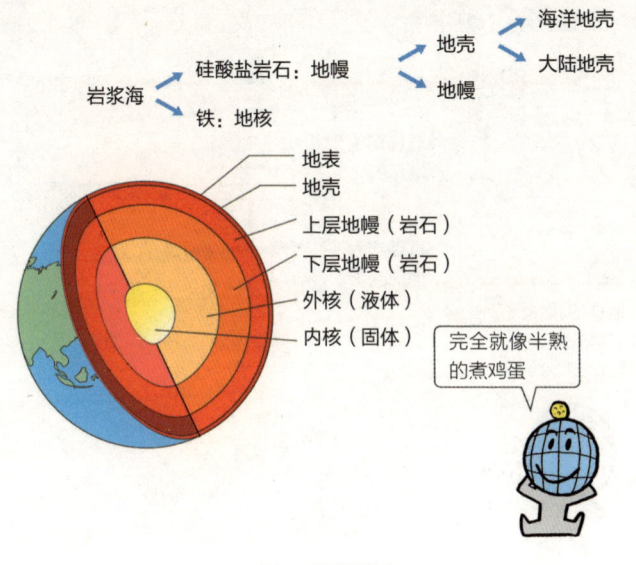

图 5　地球的结构

　　探测地球内部结构的手段是地震波。因为岩石等固体具有抗压缩和抗剪切两种特性，对应的地震波也有两种，即 P 波（压缩波）和 S 波（剪切波）。P 波传播速度很快，从两个相邻波的时间差可以推算出地震发生在多远处。

　　地球中岩石越往深处，受到上面的压力越大，变得越硬，地震波的传播速度越快。如同光线在空气和水之间传播时会发生折射一样，地震波通过传播速度不同的介质时也会发生折射。因此，地震波每经过一个薄层速度就会变快，每次经过边界面时都会发生折射，到达某个深处后不再往下，而是反射回地表。从整体上看，地震波朝向地球的中心，沿平滑的凸弧线传播。

理论的发展

20 世纪初期，克罗地亚地震学家莫霍罗维奇（1857—1936）发现了一件怪事。地震发生后到达观测点的时间，原本认为应该与震源的距离成比例，但更远处的地震到达时间要比预想的更早。莫霍罗维奇认为这是因为地震波速度在某个深处突然变快。这是地壳和地幔分界面的发现。为了纪念他的发现，这个分界面被称为莫霍罗维奇不连续面，又称莫霍面或莫氏面。

地震波向着地球中心沿平滑的凸弧线传播，但有一个不传播地震波的带状区域，被称为震波微弱带。从震波微弱带的存在可以得知，地球从地表往下 2900 千米深处有一个不连续面。以这个不连续面为界，外层是地幔，内层是地核（图 6）。

随着地震观测网的完善，震波微弱带也可以观测到微弱的地震。地核内部也有不连续面，以不连续面为界，往上是液态铁组成的外核，往下是固态铁组成的内核。内核温度高达 6000℃。

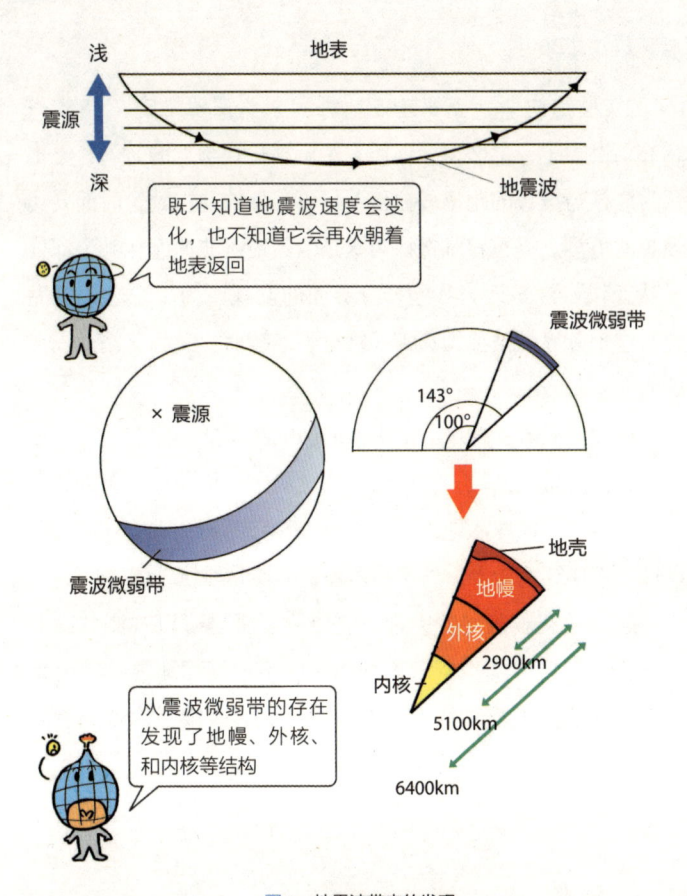

图 6　地震波带来的发现

03 地壳为什么分为海洋地壳和大陆地壳

地幔对流的上升处形成海洋地壳，下降处形成大陆地壳。

■ 理论概要

岩浆固结形成的原始地壳还在继续吸引微行星，微行星变成巨型陨石撞击地球，使得原始地壳遭到强烈破坏。另外高温地幔的强对流也使得原始地壳融化，现在只留下一点点当初的痕迹。

地壳的再生始于地球内部地幔对流的上升。地下深处的热地幔上涌，涌出处形成海岭（图7）。地壳在海岭中再生。

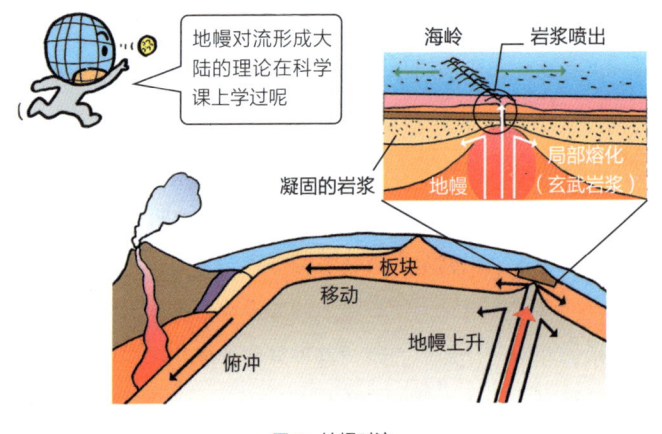

图 7　地幔对流

133

地幔容易让人认为是"熔化的岩浆",这完全是误会。地幔虽然多少有些比较软的部分,但主要由橄榄岩固体组成。

海岭地下由高温岩石形成的地幔,经过漫长的岁月,缓慢上升。地幔上升后,温度保持高温,但压力下降,开始局部熔化。

橄榄岩熔化约20%后,熔化形成的岩浆与剩下的部分分离。这是因为岩浆要轻很多。之后,岩浆上升到浅处,或喷出海底,或在地下凝固,形成海洋地壳。形成的海洋地壳不断向两边扩张。

岩浆从地下流出时呈闪亮的橙色,冷却凝固后变成褐色或黑色的玄武岩。形成海洋地壳的岩浆分离后剩下的部分并不具备制造新岩浆的能力。这部分再次变回原来的岩石,附着在新形成的海底地壳下。变回的岩石也是橄榄岩的一种,但化学成分及矿物含量与原来的橄榄岩不同。

由海岭上从地幔深处上升的橄榄岩变成玄武岩后形成的海洋地壳,与附着在海洋地壳下的其他类型的橄榄岩区分开来,形成由两种岩石组成的板块。这就是海洋板块或海洋岩石圈的诞生。

形成的海洋地壳,随着地幔对流上层横向滑移,在漫长的岁月中移动,在这期间含水下沉。下沉的地方叫"海沟"。

随着含水沉积物及岩石在海沟下沉、下潜,压力上升。里面含有的水被挤出,上浮。潜入的海洋地壳上的高温高压物质遇到水,开始熔化形成岩浆。这种岩浆形成花岗岩,成为大陆地壳的材料。

地球篇　第 6 章　地球的诞生与成长

另外，由于板块内部火山活动引起的大规模熔岩流出，大陆地壳成长变大。现在最有力的假说是地壳在 27 亿年前、19 亿年前及 6 亿年前有过巨大的成长（图 8）。

理论产生的背景

地球史上，最初的大陆地壳，可能是海洋板块之间发生碰撞，其中一个板块俯冲到另一个板块下形成的，就像太平洋板块俯冲到菲律宾海板块之下。

大陆板块和海洋板块都是两层结构，下层是一样的，上层不同。海洋地壳由海底火山喷出物等构成，厚度平均约 5 千米。主要由玄武岩和辉长岩构成，氧化铁和氧化镁含量较多，偏碱性。与此相对，大陆地壳的构成除了碱性岩石外，还有花

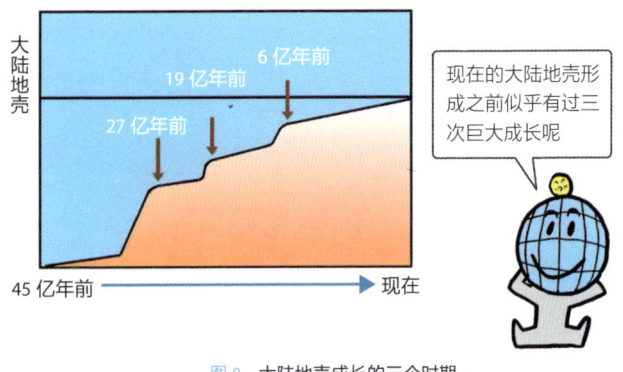

图 8　大陆地壳成长的三个时期

135

岗岩等氧化硅含量较多的酸性岩石，厚度约为 30~40 千米。

由于海洋地壳和大陆地壳的厚度不同，海底平均深度为 3000 米，大陆平均海拔高度约 800 米，海洋地壳就像一个盛放海水的大盆。

理论的发展

地球诞生之后的 36 亿年间，地幔热流量很大，上层地幔熔化程度高，岩浆供应率比现在大。因此，板块的形成率很高，海洋地壳比现在厚得多，约为 12 千米。这是最近由地质学家摩尔提出的假说。

根据这个假说，海洋地壳厚则海底较浅，海水蔓延到大陆地壳。距今 10 亿年前，地幔突然冷却，厚的海洋地壳沉入地幔消失，取而代之的是新形成的薄海洋地壳，接着海盆下沉，地表明确分为大陆和海洋两大部分。

大气和海洋的起源

无论是大气还是海洋，都和岩石行星地球一样，是从原行星盘中诞生的。

■ 理论概要

　　水是由分子 2 个氢原子和 1 个氧原子构成的，氢和氦都是在宇宙最初中形成的，是宇宙空间到处都存在的、丰富的元素。另一方面，氧是由大质量恒星内部的核聚变产生的，恒星迎来终结发生超新星爆发时，氧被释放到周围的宇宙空间。

　　氧原子存在于低温的宇宙空间时，吸收紫外线等能量，与氢发生化学反应生成水。恒星即将衰亡时，也会生成氮和碳，尤其是碳的量很多，容易与氧发生结合。这样形成的甲醛和甲醇等有机物，是被称为星际物质的气体和尘埃中的一部分。

　　氧具有强氧化性，除与碳、氮形成上述有机物外，还与硅、镁、铁、钙等多种金属元素结合，形成氧化物，但这些氧化物的含量相对较少。无论是在微行星产生前的高温状态下，还是在微行星产生后经碰撞合体表面形成高温岩浆池状态下，这些金属氧化物都很稳定。

　　金属氧化物和硅酸盐矿物是现在降落到地球的陨石，也就是微行

水原来来自宇宙啊！

星的碎片的主要成分。另外，现在地球上存在的橄榄石和辉石等，主要是由硅酸盐矿物组成的。

但是，另一方面，在与氢和碳等形成的有机物中，氧的结合力比较弱，在约10000℃以上的高温下会分解成二氧化碳和水。因此，在原始地球的岩浆池和岩浆海时代，有机物即使很丰富，也会在高温下分解为二氧化碳和水蒸气，组成厚重的原始大气笼罩地表。然后水蒸气变成云，产生降雨落在地表，形成原始海洋。一般认为地球形成1亿年后原始海洋形成（图9）。

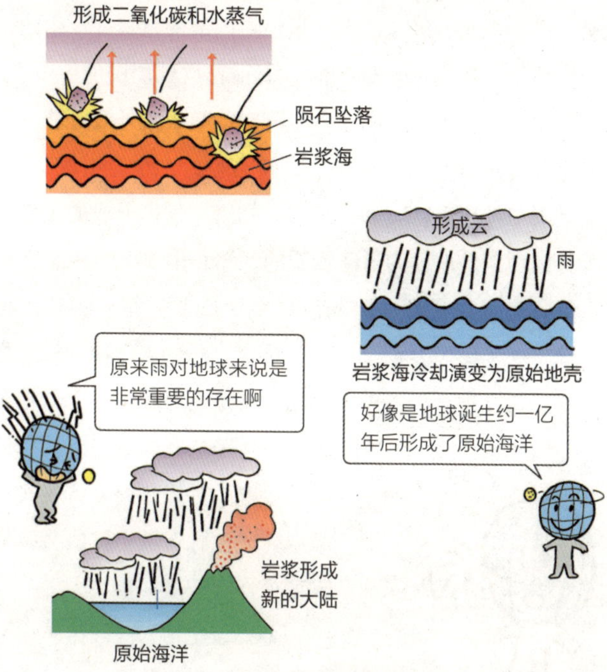

图9　原始大陆和原始海洋的诞生

理论产生的背景

地球大气的形成与微行星的聚集密切相关。

首先，由微行星聚集而成的原始地球，笼罩着浓厚的大气。这次大气被称为第一次大气，成分与原行星盘气体相同，主要成分是氢和氦。这是"太阳组成原始大气说"的观点。不仅是原始地球，木星和土星等气态巨行星的大气中也还有很多原始大气的残留。

但是通过观察其他恒星，发现刚形成的太阳有一个金牛 T 阶段，这个时期会吹强烈的太阳风。于是出现了新的假说，认为是这种强烈的太阳风将地球的第一次大气吹散。

到了 20 世纪 80 年代，"碰撞脱离气体假说"被提了出来。该假说认为第一次大气被吹散后，随着原始地球的进一步成长，形成了地球第二次大气。

微行星碰撞使地球变大，而地球引力越大，微行星的碰撞越多。因此，碰撞处的岩石在冲击压缩下压力和温度变高，岩石中的挥发性分子游离出来积聚成大气。这些挥发性分子主要是二氧化碳（CO_2）、氮气（N_2）和水蒸气（H_2O）。

一般认为第二次大气是微行星碰撞导致地球内部的气体逸出，但也有假说认为碰撞来自地球外的陨石。碳质球粒陨石中含有大量这样的挥发性分子。原始地球不断聚集行星轨道上出现的陨石时，陨石如雨点般降落下来。这时脱离积聚的气体变成地球大气。

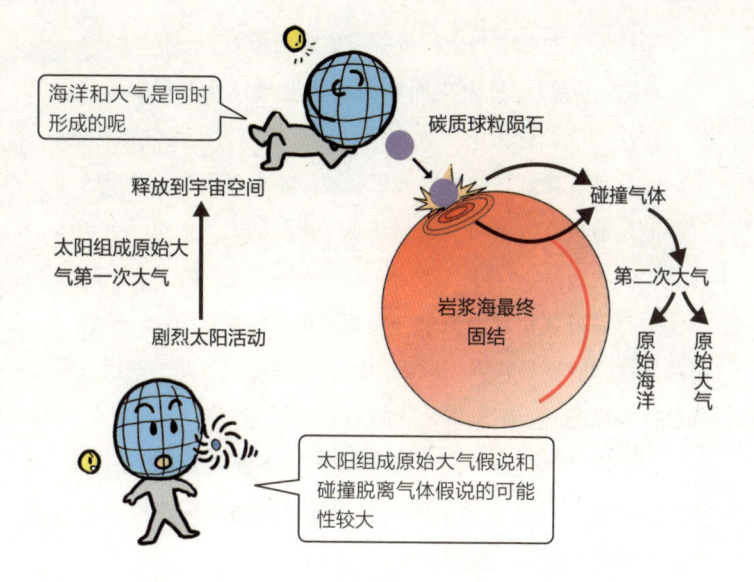

图 10 地球大气形成的假说

第 7 章　　大陆的变迁

大陆诞生并成长

地幔对流从双层对流变成单层对流，超大陆诞生。

理论概要

整个原始地球被汪洋大海覆盖。大陆地壳上也蔓延着浅海。大约在地球诞生数亿年后，板块潜入大陆地壳边缘，地球海洋上首次出现了岛屿或小面积的陆地。

约 27 亿年前陆地开始增加，这点从剧烈的岩浆活动可得知。有假说认为引起剧烈岩浆活动的，是地幔对流从双层对流变成单层对流（图 1）。随着地幔对流变成单层对流，板块变大，开始形成大面积的大陆。

在深度 660 千米的上地幔和下地幔分界附近，晶体结构发生变化，密度也发生变化。上地幔和下地幔分别发生对流，称为双层对流。而单层对流是指，从海沟沉入的板块的下降流在上地幔和下地幔的分界处停留，积聚到一定程度后，变成地幔冷柱，经过下地幔落到地核。下降流落到地核后，由于反作用力，产生地幔热柱的上升流。

在地球模拟器的再现实验计算中，上升和下降活跃期的出现周期为数亿年。从地球历史来看，急剧的大陆成长除了约 27 亿年前，还发生在约 19 亿年前、8 亿~5 亿年前。

142

地球篇 第7章 大陆的变迁

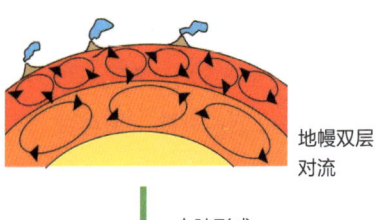

地幔双层对流

大陆形成　大陆形成

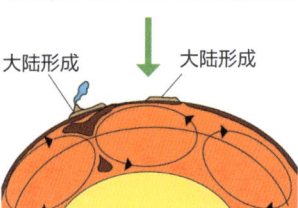

地幔单层对流

地幔对流从双层变成单层，形成了大面积的大陆。形成方式有所不同！

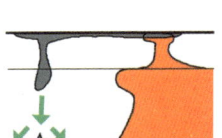

大陆地壳

海洋板块

沉积

地幔

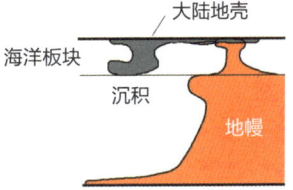

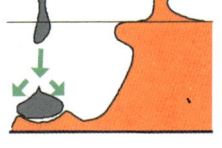

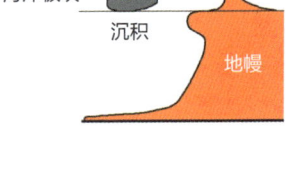

上升流活跃

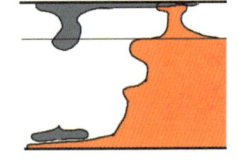

图1 地幔对流和大陆形成

143

27 亿年前，加拿大地盾、西澳大利亚等大陆成长起来。19 亿年前，最古老的超大陆——妮娜大陆出现。

理论产生的背景

超大陆是地球上所有大陆汇聚而成的一个联合大陆。由于要汇聚全部的大陆比较困难，也很难调查到是不是真的所有的大陆都汇聚了，因此约定由 80% 以上的大陆汇聚而成的联合大陆称为超大陆。

提出了大陆漂移说的德国科学家阿尔弗雷德·魏格纳（1880—1930）第一次指出了超大陆的存在。他认为现在所有的大陆在约 3 亿年前汇聚在一个地方，这片大陆名为盘古大陆（图 2）。但魏格纳的大陆漂移说无法从地球物理上解释大陆漂移的机制，逐渐被遗忘。到了 20 世纪 50 年代后半期，大陆漂移说又复活了。

在磁性矿物形成时期，由于矿物是沿着当时地球磁场方向被磁化的，因此可以推测出过去的磁极。欧洲大陆和北美大陆各自磁极的移动轨迹，和两个大陆曾经是一个大陆的假设一致。这个大陆后来分离成两个大陆，这样的观点比较说得通。这是大陆漂移的有力证据，大陆漂移说再次被大力宣扬。

接着还出现了另一个新的假说。20 世纪初期的地质学，以陆地上可观察到的地层和岩石数据为依据。后来随着人们想要探索占了地球表面七成的海洋的热情越发高涨，海洋探测得到大力发展，由此发现了在海底连绵不断的海岭。20 世纪 60 年代初，有人提出了异想天开的海底扩张说，该学说认为"海

地球篇 第7章 大陆的变迁

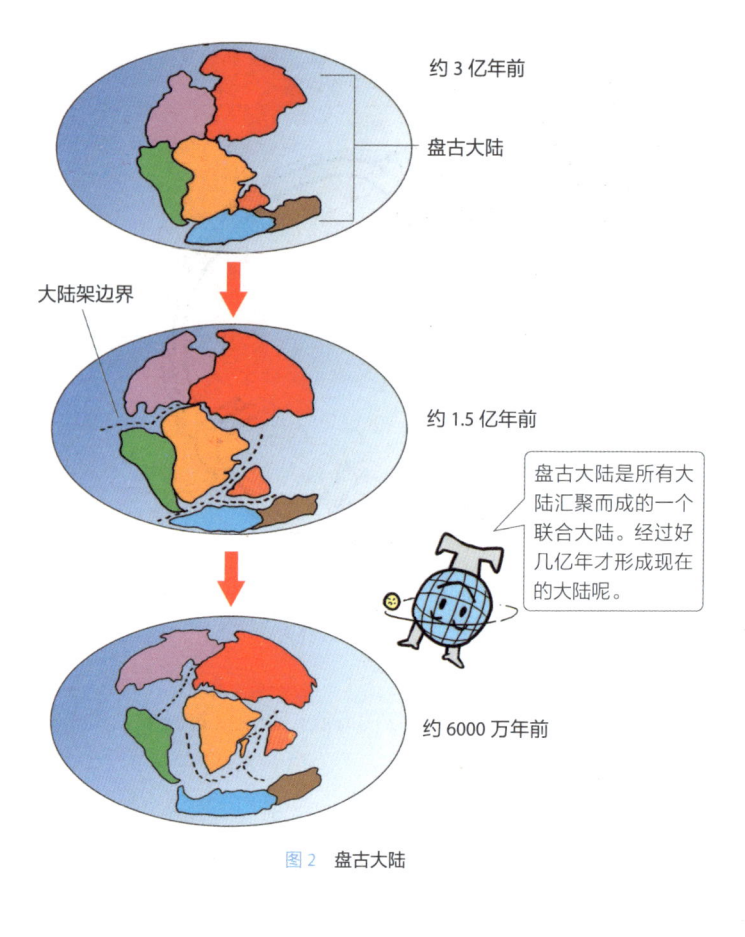

约3亿年前

盘古大陆

大陆架边界

约1.5亿年前

盘古大陆是所有大
陆汇聚而成的一个
联合大陆。经过好
几亿年才形成现在
的大陆呢。

约6000万年前

图2 盘古大陆

底以海岭为轴向两侧扩张，海岭是新海底的诞生地"（图3）。

当时，通过对陆地岩石的研究，发现地球的磁极经常反转。而海底的磁场正反以海岭为中心呈对称的条带状。如果海底扩张说是正确的，那么就能很好地解释磁极反转和海岭条带状分布。

145

01

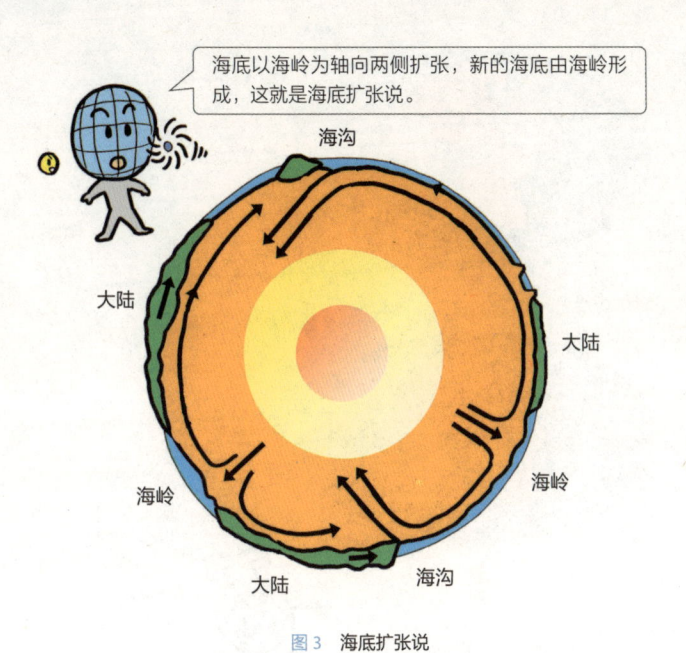

海底以海岭为轴向两侧扩张，新的海底由海岭形成，这就是海底扩张说。

图 3　海底扩张说

　　原本被认为是天外奇谈的海底扩张说，首先被先知先觉的地球物理学家接受。

　　魏格纳的大陆漂移说，对大陆在海底上方漂移的解释比较牵强。但如果海底本身在移动的话，大陆的移动也就能解释得通了。

　　大陆漂移说在海底扩张说的支持下，发展为"地球表面由几块移动的板块构成"这样的观点，即板块构造说。它在 20 世纪 60 年代基本完成，是现在地球科学的标准理论。

超大陆反复分裂与聚合

大陆聚散离合，超大陆反复出现又分裂。

理论概要

最初的超大陆妮娜规模较小，分裂后的碎片位于现在的北美大陆、格陵兰岛、斯堪的纳维亚半岛、澳大利亚大陆和南极东部。

约 18 亿~15 亿年前，从妮娜超大陆分裂独立出来的相对较大的哥伦比亚大陆出现了。哥伦比亚大陆由乌克兰地盾、亚马孙克拉通（craton，即古陆核）和澳大利亚大陆组成，可能还包括西伯利亚大陆、华北陆块、喀拉哈里克拉通。虽然也有人称哥伦比亚大陆为超大陆，但当时妮娜超大陆的残块仍然存在。在有其他超大陆并存的情况下容易混淆，本书中哥伦比亚大陆不称为超大陆。

约 15 亿~10 亿年前，地球史上第二个超大陆潘诺西亚出现了（图 4）。潘诺西亚大陆后来也发生分裂，约 10 亿~7 亿年前形成了第三个超大陆罗迪尼亚。古地磁等研究明确了罗迪尼亚大陆的存在，但关于形成和分裂的时间，研究人员之间有不同的意见。

如有些研究人员将约 7 亿年前罗迪尼亚大陆分成 3 块后、于 6 亿年前重新合体形成的大陆称为潘诺西亚大陆。第二个超

147

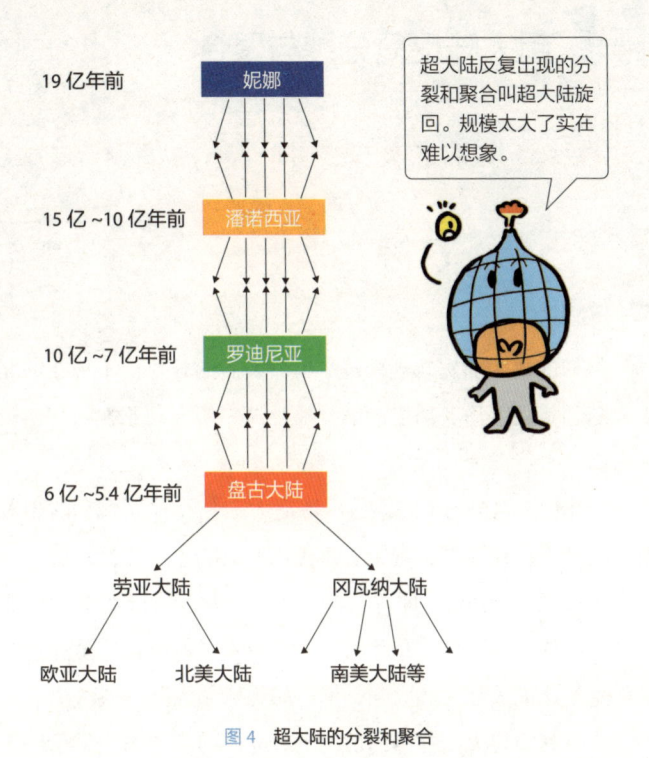

图 4 超大陆的分裂和聚合

大陆和第三个超大陆调转了过来，确实比较棘手。

无论是哪一种说法，到了 5 亿 4000 万年前，当时的超大陆分裂为冈瓦纳大陆、劳亚大陆、波罗的大陆和西伯利亚大陆。

这些大陆重新聚合形成的超大陆，才是魏格纳提出的盘古大陆。之后盘古大陆被中央向东西延伸的特提斯海分为南北两片大陆。北边是劳亚大陆，南边是冈瓦纳大陆。之后北边的劳

地球篇　第7章　大陆的变迁

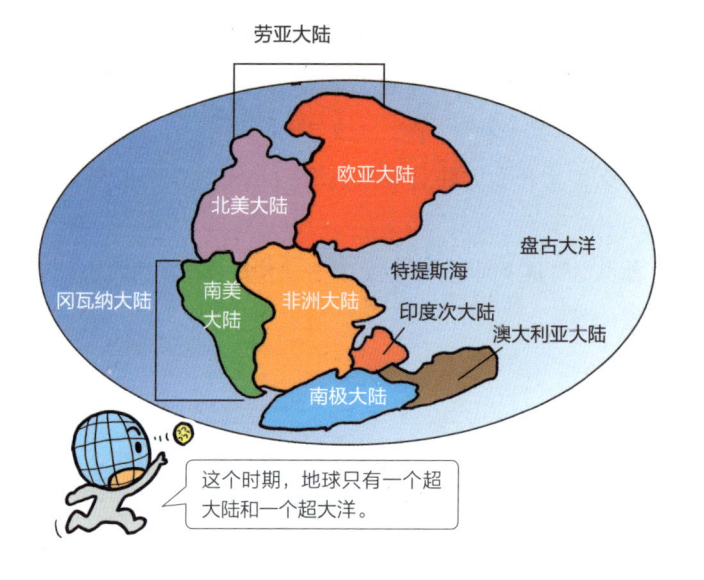

这个时期，地球只有一个超大陆和一个超大洋。

图5　唯一的大陆和唯一的大洋

亚大陆进一步分裂，形成欧亚大陆和北美大陆。

　　南边的冈瓦纳大陆很大，包含了现在的非洲大陆、南美大陆、印度次大陆、南极大陆、澳大利亚大陆和阿拉伯半岛等。冈瓦纳大陆分裂后形成了现在的大陆分布。

■ 理论产生的背景

　　超大陆妮娜的碎片，分散在现在大陆的各地。科学家是如何知道这些碎片在19亿年前曾经是一个超大陆的一部分呢？

　　首先从全球数百数千的论文中，收集各地19亿年前的地质数据。从这些论文中读取岩石的种类、形成方式和形成地点

149

等，经过整理，汇总出各地的地质体块的构造。接下来将这些地质体块进行拼接，合理排列，复原超大陆。就像考古学家将陶器碎片组合起来复原一样，又或者像玩拼图一样。

那么，为什么大陆会聚散离合，超大陆几次出现又分裂呢？

能够回答这个问题的，是代替板块构造说新登场的地幔柱构造说（图6）。

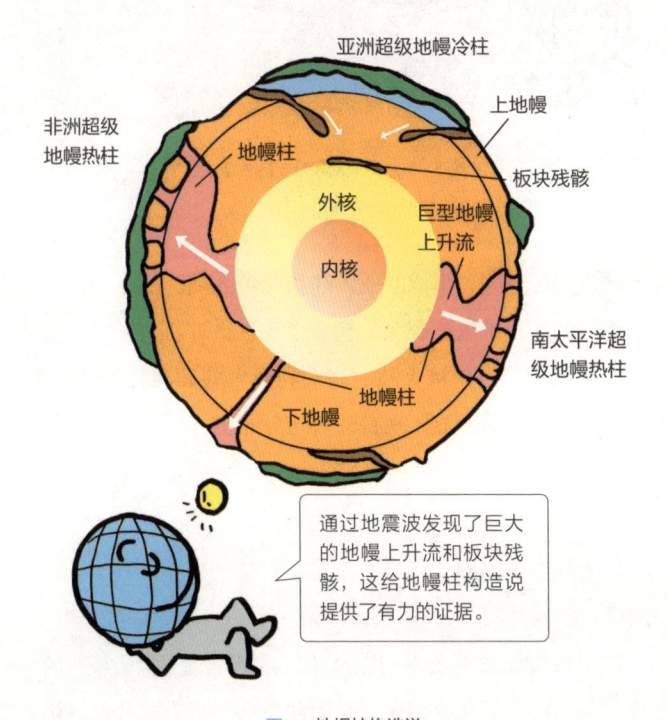

图6　地幔柱构造说

板块构造说涉及的范围，充其量只不过是地球极其表层的部分，仅占地球半径的 1/10。在 20 世纪 70 年代，没有能够了解地球内部的方法。但是现在，我们利用地震波可以透视整个地球内部。这个方法叫地震层析成像。通过这个方法，人们解开了地球深处内部结构之谜，并且从中发现了巨大的地幔上升流——超级地幔热柱，以及从海沟沉入的板块残骸——超级地幔冷柱。

理论的发展

超大陆一旦形成，会将地球内部冒出来的热流封锁住，下层的软流圈变得过热。于是，组成上层板块的岩石圈被往上推压并裂开。岩浆涌出来，海底扩张，超大陆碎片被推向不同的方向。

分裂后的大陆碎片时不时又聚合起来，也会与在其他地方分裂后从反方向移动过来的大陆碎片发生碰撞。即使没有碰撞，由于地球表面是球面，反方向分裂的碎片之间，也很有可能在某一天相遇。就这样超大陆重新形成。在超大陆的下方，下沉的板块聚合形成超级地幔冷柱。

重新形成的超大陆不久后再次开始分裂，每 4 亿~5 亿年重复一次上述过程。这就叫"超大陆旋回"。

03 火山与地震关系密切

板块之间相互作用，引起地震和火山伴生的现象。

■ 理论概要

火山和地震的震源，呈带状分布在地球上极其有限的地带，这种地带叫火山带或地震带。特别是在海洋，这种地带除了火山热点，都沿着海岭和海沟分布。火山根据存在的场所大致可分为三类：海岭火山、热点火山、海沟火山（图 7）。无论是哪种火山，从火山喷出的岩浆，都是在地表附近形成的，而不是从地球深处涌出来的。岩浆原本是在地幔的岩石圈最上方产生的，但还不是熔化了的岩浆。

地幔最上方的高温岩石，上升到地表附近后，压力降低，在那里开始熔化。岩浆是岩石在地表附近减压熔化形成的。熔岩就是火山喷发涌出地表的岩浆。

海岭火山犹如海底山脉一样，位于新板块诞生的海岭处。其代表是东太平洋海岭和大西洋中央海岭的火山。

海沟火山是受海洋板块俯冲到大陆板块下沉影响产生岩浆的火山。发生俯冲时，水和堆积物被一起带下去，熔点降低，这种情况与减压熔化相互作用，形成岩浆。日本的火山基本都是这种类型，称为岛弧型火山。这是沿着日本列岛岛弧分布的火山带。

152

地球篇　第7章　大陆的变迁

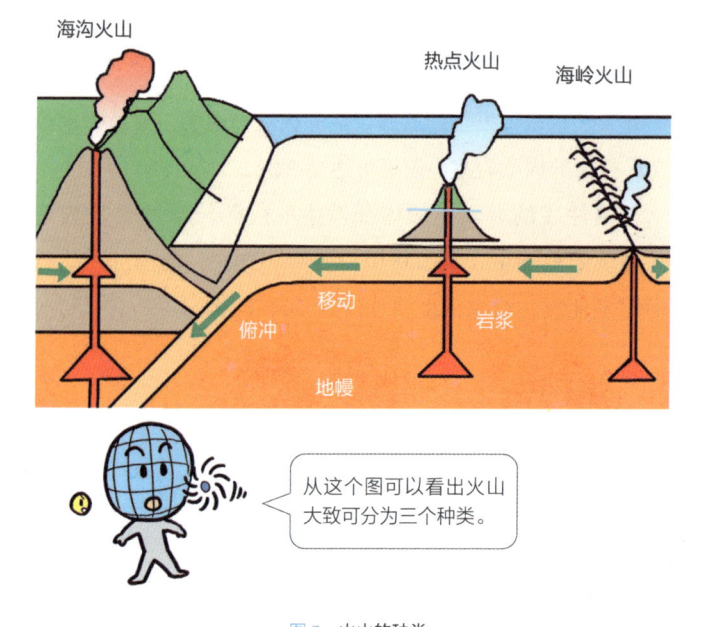

图7　火山的种类

　　热点火山与位于海岭和海沟的火山不同，这种类型的火山与板块运动无关，由分散在地幔内的热源——热点产生岩浆。地幔内的热点是固定的，由于太平洋板块移动，岩浆的产生是间歇性的，因此热点火山分散在不同的地方。如位于夏威夷群岛的基拉韦厄火山就是活动的热点火山。

　　地震主要由地壳运动引起，大致可分为板块间地震和板块内地震两类。日本列岛的大规模地震可分为如下三类。

　　①海洋板块和大陆板块相遇，在板块交界处引起的板块间地震。也称为海沟型地震，会发生里氏8级的巨大地震。日本

153

的板块交界主要位于海底，海底的岩盘往上弹起，从而引发大海啸。

②大陆板块内发生的震源较浅的板块内地震。发生在被板块交界挤压的内陆岩盘，震级可达 7~8 级。

③俯冲后的海洋板块内部发生的震源较深的板块内地震。板块的前端由于重力作用斜着俯冲进去，使内部产生张力而引发地震，震源深度通常约为 200 千米。

理论产生的背景

20 世纪前半叶，随着地震仪和地震学的发展进步，地球的内部结构已经相当清晰了。20 世纪 60 年代后半期，多名地球科学家提出了板块构造说的概念。板块之间相互作用引起地震或火山喷发的现象，这是板块构造说的观点（图 8）。

理论的发展

火山喷发和地震的确会带来灾害，但同时也会带来好处。

可怕的火山碎屑流和熔岩流，填平了山谷和大海，给人类带来辽阔平坦又便利的平原和高原。有时拦住河川，形成美丽的湖泊，如日本的富士五湖和芦之湖等。

大地震带来大范围的土地隆起和沉降。一次的变动量虽然最多只有数米，但同样的变动每次地震都反复发生，渐渐地隆起的地方变成高原和山脉，沉降的地方形成盆地、平原、湖泊、海湾，如京都盆地、琵琶湖等。原本离海洋很远的地方形成广阔的洼地，就是这个原因。

154

地球篇　第7章　大陆的变迁

另一方面，众所周知，活断层处是内陆地震多发地，多在险峻的山地形成直线状的峡谷。人类很久以前就开始将这些地方作为交通道路使用。

将日本列岛的西南部分分为日本海侧和太平洋侧的大断层中央构造线很早以前就被人们作为道路使用。中部山丘地区的灰面鹫集结到伊良湖岬，一鼓作气飞往九州的时候就是乘着中央构造线的气流飞过去的。

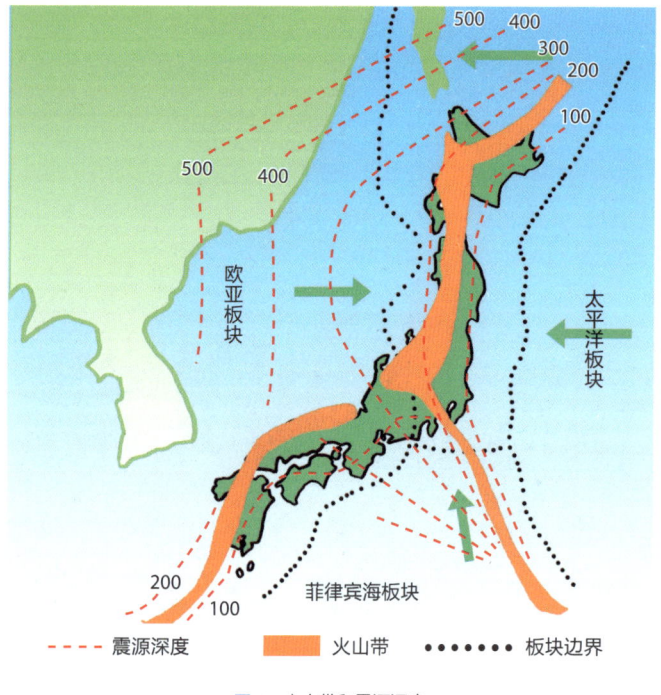

图8　火山带和震源深度

155

第 8 章
大气和海洋的变迁

气候系统
碳循环模型

地球环境是由多个子系统组成的一个大系统，气候系统是其中一个子系统。

理论概要

16 世纪到 19 世纪初，是气候寒冷期。冬天巴黎的塞纳河会结冰，上面可以滑冰。这是末次冰期结束至今最大的寒冷期，也称为小冰期。关于产生原因，有各种各样的假说，例如太阳黑子减少、太阳光度下降的假说，还有大规模火山喷发频繁发生的假说等。

火山喷发时，火山灰有时会达到大气上层，范围覆盖整个地球。火山灰会一定程度遮蔽阳光，导致全球气温下降。另外，火山喷发时会释放大量的二氧化硫（火山气体成分之一），到达平流层后反射太阳光进一步减少到达地表的日照量。

一旦地球开始变冷，极地地区和高山地区冬天的降雪到了夏天也不融化，变成永久积雪的概率增加。冰雪会提高地表对太阳能量的反射率，进一步促进地球变冷。相反，地球变暖，永久积雪和冰盖覆盖地表的面积减少，会进一步促进地球变暖（图 1）。

这种随着气候变冷和变暖的变化，使变化加剧的作用称为正反馈。与正反馈相对的是负反馈。气候变暖后，大气中的水蒸气含量增加。因此，覆盖着地球的云的面积扩大，遮

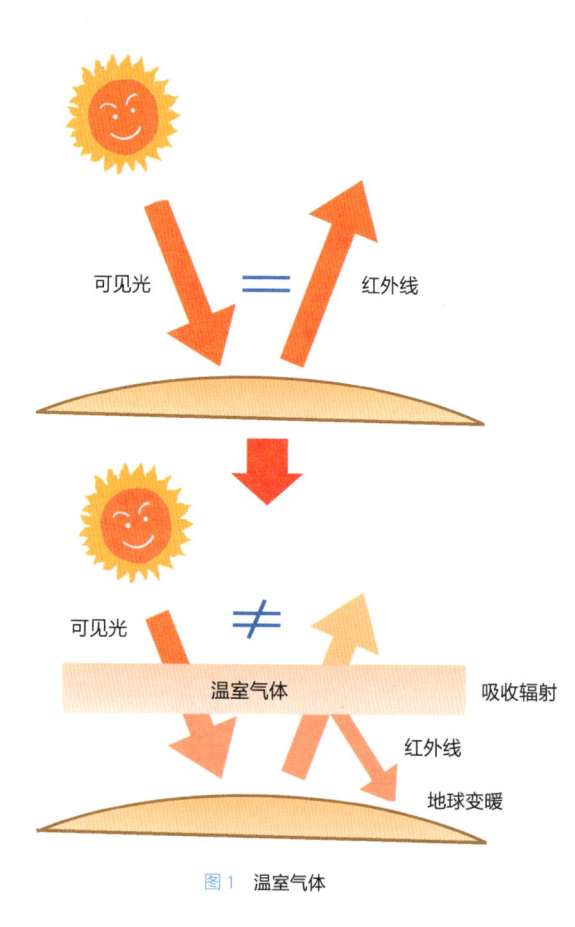

图1 温室气体

挡日照，导致气候变冷。这种抑制气候变化的机制就是负反馈。

气候系统中存在这样的正反馈和负反馈，还有海洋循环、生物活动等。这些活动之间存在着千丝万缕的关联。要彻底查明气候变化的原因很困难。正因为如此，人们才将引起气候变化的整个子系统称为气候系统。

无论是正反馈还是负反馈，都只在很短的时间尺度内发挥作用。另一方面，还有一些长期缓慢改变气候的作用。例如大陆移动引起大陆和海洋分布变化，以及大陆与大陆之间的碰撞形成的造山带等，都是非常缓慢的作用。

理论产生的背景

气候系统是地球系统多个子系统中的一个。地球有多个不同的子系统，这些子系统组成地球环境这样一个总系统（图2）。地球的结构是从最里面的固体内核，到液体外核、下地幔、上地幔、地壳，再到地球表层的海洋和生物圈，接下来到地球大气的对流层、平流层，再往上是延伸到宇宙空间的电离层、热层，以及包围着这些圈层的地球磁层。气候系统可以说是包含了多个子系统的上层子系统。

大气、海洋、地壳等子系统之间的物质循环，在地球科学领域被称为地球化学循环。不同的元素有不同的地球化学循环，如碳循环。在自然界中，碳以二氧化碳和有机物等形式存在。

地球篇　第8章　大气和海洋的变迁

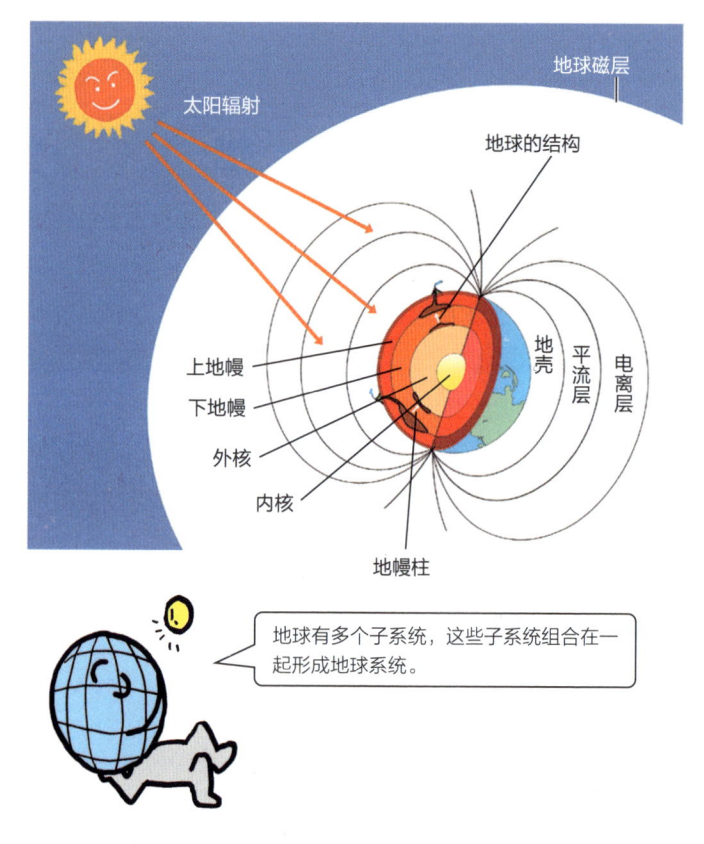

图 2　地球系统

理论的发展

　　大气层中的二氧化碳、甲烷等形式的碳有不同的转化途径。植物吸收二氧化碳，通过光合作用合成碳水化合物。森林的树木快速生长，这个过程会吸收更多的二氧化碳。随着秋天树叶落下和生物死亡，有机物被分解，固定在生物圈的碳被还原为二氧化碳。

植物通过光合作用和有机物分解与大气交换二氧化碳，与此相对，海洋通过气体溶解和逸出的物理过程进行交换（图3）。二氧化碳与其他气体不同，溶于水后会水解变成弱酸性。海洋表层溶解有含量为氧气含量5~10倍的二氧化碳，在其中繁殖的浮游生物被吃掉后经消化以排泄物的形式到达海底，碳变成有机质泥岩。其中极地地区附近的海洋表层海水温度低，能溶入更多的二氧化碳。

陆地上的岩石受侵蚀和风化作用分解的物质，随着河流流入海洋。海洋甲壳动物和珊瑚利用海水中的碳形成碳酸钙

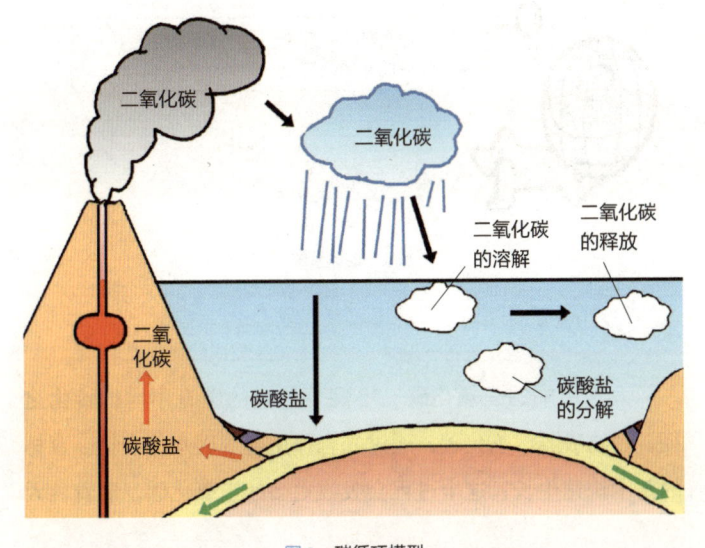

图3　碳循环模型

的壳。这些碳酸钙之后变成海底沉积物。但是，沉积在海底的碳酸盐并不会永久埋在海底。因为海洋地壳以每年数厘米的速度缓慢移动，最后潜入大陆地壳下面。大部分沉积物也随之到达地表下面，在高温高压条件下再变成矿物。这个反应和风化作用相反，产生的二氧化碳在某一天变成火山气体，再次被释放到大气中。

碳就这样经过各种过程被再次释放到大气中。化石燃料的燃烧等人为的碳释放，现在导致了全球变暖问题。

大洋环流

巡游世界的大洋环流，按照其驱动力可分为风生环流和热盐环流。

理论概要

巡游世界的大洋环流，按流动场所分为两种（图4）。一种是表层环流，和黑潮一样，在深数十米的海洋表层流动。

表层环流有跟随海上风向流动的倾向，在大陆侧方向会变化，但与下层大气的方向基本一致，因此也叫风生环流。风生环流正如其名，是由风和海面摩擦引起的，在陆地和海底地形分隔开的大洋内，以封闭的水平环流形式存在。北太平洋由热带季风驱动的向西流动的北赤道洋流，受大陆影响，与在太平洋西部北上的黑潮相连，往北输送热量。

大洋环流中，除了表层环流还有另一种环流，那就是深层环流。海水在北大西洋的格陵兰岛海域下沉，变成深层环流，在大西洋深海底南下。海水下沉的地方在地球上还有一处，就是南极的威德尔海。深层海流在这里与下沉的海水合流，绕过非洲大陆的好望角，流入印度洋和太平洋。深层海流在印度洋和太平洋向上涌出。在太平洋和印度洋变暖的海水，经表层流动流入南大西洋，再沿大西洋北上，形成封闭环流。这种如同传送带一样的垂直环流缓缓移动，循环一次大约需要1500年到2000年。

地球篇　第8章　大气和海洋的变迁

　　这种环流循环从北极、南极地区向赤道附近的低纬度地区输送冷水，从低纬度地区向极地地区输送暖水，在实现和维持温和的地球气候方面发挥了重要的作用。

　　格陵兰近海和南极洲海域发生海水下沉，是因为海冰形成的时候，海水的盐度变高，密度变大。另外由于高纬度地区的表层海水受寒冷大气带来的强冷却作用，密度也会增加。海水的密度由温度和盐度决定。温度越低，盐度越高，则密度越大。

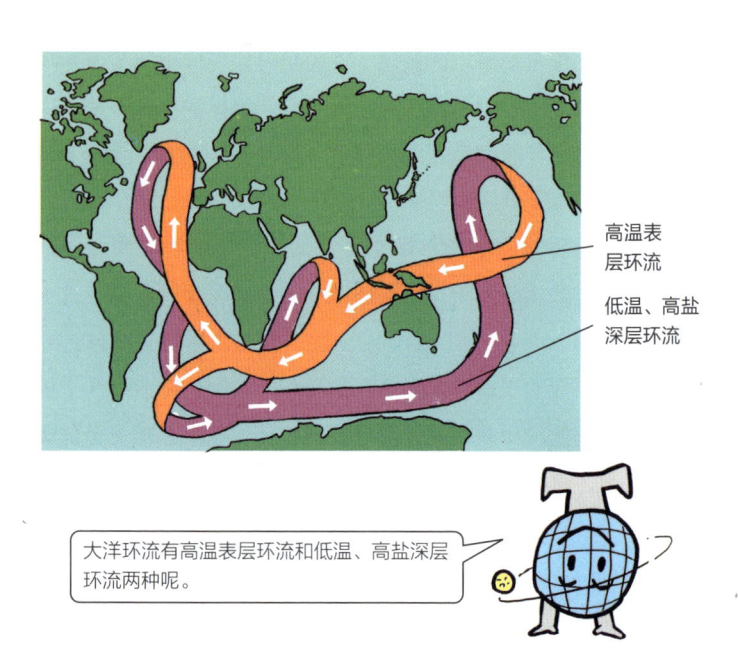

高温表层环流

低温、高盐深层环流

大洋环流有高温表层环流和低温、高盐深层环流两种呢。

图4　大洋环流

165

就这样，海面上密度较大的水潜入海洋深层，深层环流开始循环流动，因此深层环流也被称为热盐环流。热盐环流以连接海洋表层和深层的形式存在。一般来说热盐环流是由海面的大气与海洋之间的热交换和淡水进出（凝固和融化、蒸发和降水、河川流入等）引起的。

■ 理论产生的背景

上述就是海水下沉形成深层洋流的原因。但这个下沉的深层海水具体在哪里、是怎样返回表层的，至今还不是十分清楚。

现在比较有说服力的假说，认为是海洋中微小的 1 厘米尺度的海水紊乱引起的涡流作用，即垂直湍流扩散。在日照下变暖的表层海水，随着垂直湍流扩散一点点混入下方，导致变暖变轻的深层水上升到表层来。

由于这种垂直湍流扩散主要是潮汐流撞到海岭和海山链激起的，因此热盐环流是由引起潮汐的月球驱动的。提出这一假说的东京大学教授日比谷纪之说："如果地球没有月球这颗卫星，能不能实现适合人类生存的温和气候呢？弄清海洋中的垂直湍流扩散的微观现象，对把握热盐环流这个宏观（全球规模）现象，从本质上来说是非常重要的。理由就在这里。"

■ 理论的发展

以千年为单位巡游全球海洋的深层环流，伴随着可与表层环流匹敌的热传输，通过与大气的相互作用，控制着长期的气候变动。

在1.45万年前，末次冰期即将结束时，气候变暖加速了。但是，在1.1万年前温度急剧下降，在数百年间突然下降6℃，又回到了冰期状态。这个时期叫新仙女木期（图5）。新仙女木期仅280年就结束了，在50年后温度就上升了7℃。

为什么会发生这样的事情呢？科学家认为，末次冰期期间北美大陆的冰盖面积很大。随着冰期结束，气候变暖，冰盖开始融化，融化的水在现在的北美五大湖附近形成巨大的湖泊。1.3万年前，湖泊因无法承受增加的水量崩坏溃决，大量的淡水流入北大西洋、格陵兰近海导致海水变淡，盐度变低。因此，冰冷的海水不再下沉，地球整体的传送带变衰弱，在2000年后完全停止。

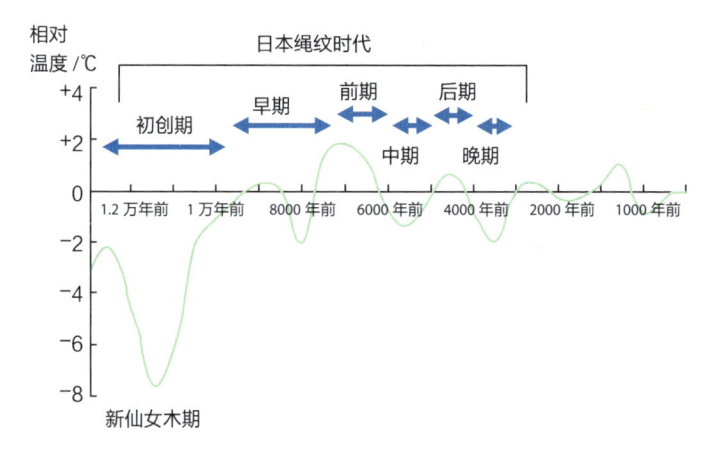

图5　气候的变化（来源：安田喜宪著《绳纹文明的环境》）

02

　　传送带停止后，赤道附近的热能很难传送到北极和南极，当然就变冷了。变冷后冰盖逐渐扩大，地球整体的反照率（表面反射太阳光的比率）变高，气候变冷。冰盖发展到一定程度后，传送带再次复活，这个寒冷期就结束了。

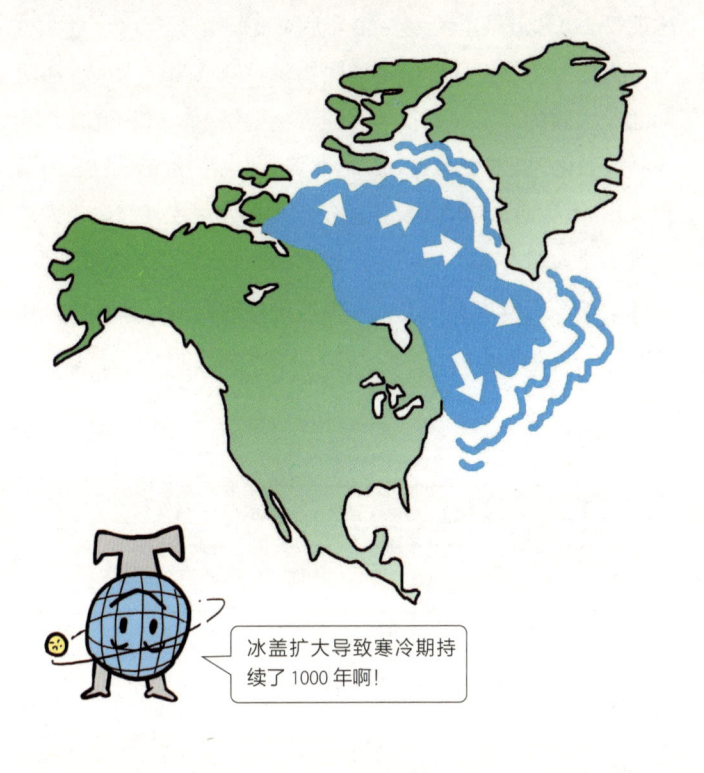

冰盖扩大导致寒冷期持续了1000年啊！

冰河时期
雪球地球假说

冰期与间冰期交替旋回。

理论概要

在地球 46 亿年的历史中，有过几次冰川广泛分布的寒冷时期，称为冰河时期，或冰川期、冰期。我们现在处于第四纪大冰期，始于约 200 万年前。在过去 40 万年间至少有过四次冰期，每次间隔 10 万年。两次冰期之间的时期是间冰期。冰期和间冰期反复出现。最近的冰期在约 1.2 万年前结束，现在是间冰期。

提出这个机制的是塞尔维亚的科学家米卢廷·米兰科维奇（1879—1958），因此这种冰期和间冰期的交替旋回被称为米兰科维奇循环。这个循环由与地球轨道相关的三种变化主导（图 6）。

首先是周期为 9.5 万年的轨道偏心率的变化。地球的公转轨道是椭圆的，轨道偏心率会发生变化，会变得更扁或更接近圆。轨道越扁，远日点太阳的辐射越少。

第二个是转轴倾角的变化。地球自转轴相对轨道面倾斜，倾角在 22°~25° 的范围内变化。当倾角变大时，夏天会更热，冬天会更冷。转轴倾角的变化周期为 4.1 万年。

第三个与地球轨道相关的变化是周期约 2.6 万年的岁差，

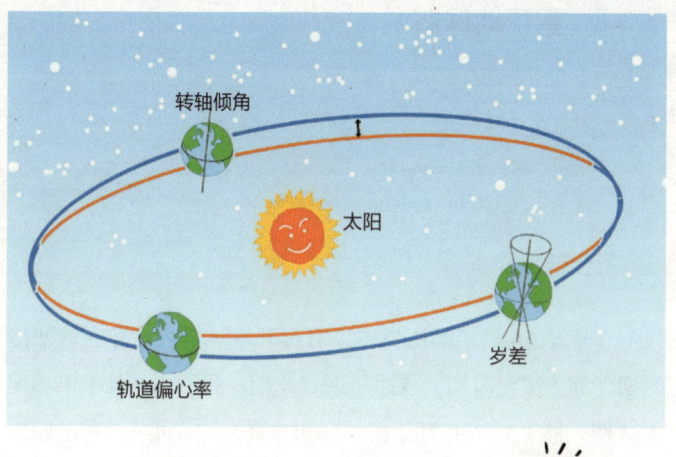

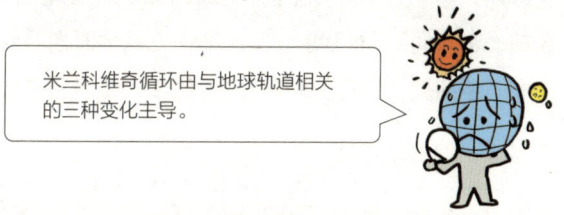

米兰科维奇循环由与地球轨道相关的三种变化主导。

图 6 米兰科维奇循环

即转轴进动。岁差可想象成旋转的陀螺顶端的画圆运动。由于岁差，大陆比较多的北半球的冬天和现在相反，如果与远日点重合，北半球大陆的冰盖就很容易发育。而冰盖的反照率较高，能够很好地反射太阳辐射，自身也难融化，这就会导致地球变冷，进而冰盖进一步扩展。

正是米兰科维奇循环的这种正反馈起了作用，产生了冰期。

地球篇　第8章　大气和海洋的变迁

■ 理论产生的背景

但是，米兰科维奇在1920年左右提出的这个假说，没有以往气候的精确数据的支撑，对此的争论持续了近一个世纪。但是在2007年，日本东北大学和日本国立极地研究所等研究团队，使用南极的冰对过去的气候进行分析，从而证实了这个假说。科学家从挖掘出来的冰中含有的气泡中，分析出过去36万年的大气中的氧和氮的浓度比。这个浓度比的变化和南极夏季日照量的变化一致。

■ 理论的发展

但是，仅靠米兰科维奇循环，无法解释冰河时期的开端，因为总有一个时期是不存在冰川的。

新生代的冰河时期，源于新生代前的中生代。中生代时，曾是冈瓦纳大陆一部分的南极大陆分裂出来，向南移动，南极大陆开始变冷。绕着南极大陆的南极环流发育，阻挡了往南极大陆的热输送，气温进一步变冷。4000万年前南极的冰盖开始生长；3000万年前，南极被巨大的冰盖覆盖。

之后，大约从300万年前开始，北半球的冰盖也开始发育了。原因在于北美－欧亚大陆的分布变迁，加上巴拿马地峡将北美大陆和南美大陆连接起来，洋流出现大规模变化。而起决定性作用的是印度次大陆和欧亚大陆碰撞，导致喜马拉雅山脉隆起，引起大气系统的巨大变化。在这些背景下，米兰科维奇循环的运作方式逐渐显露出来。

171

新生代的冰河时期之所以受到重视，是因为它与我们人类的进化密切相关。但在更早时也存在很长的冰河时期。约 6 亿年前的新元古代末期，包括赤道附近的几乎整个地球表面都被冰冻住了（图 7）。这个"雪球地球假说"是加州理工学院的科什文克教授于 1992 年发表的。1998 年美国哈佛大学的霍尔曼教授等人发表了论文，提出了紧接着全球冰冻后地球变暖及

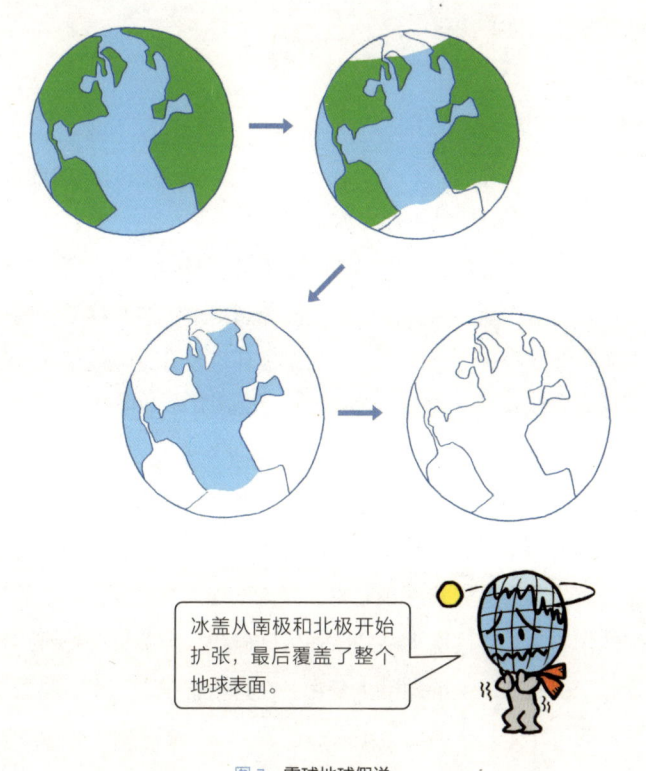

冰盖从南极和北极开始扩张，最后覆盖了整个地球表面。

图 7　雪球地球假说

显示生物活动完全停止的证据，雪球地球假说一下子变得热门起来。

这个假说让人们大吃一惊，成了一个热议话题。人们以前从来没有想到过，地球表面会全部被冰冻住。当然，这个假说在学界也引起了很大争论。但是它能够统一解释多个谜团，现在很多研究者都基本上接受了雪球地球假说。

根据该假说，全球冰冻在地球历史上至少发生过三次，分别是约22.2亿年前、7亿年前和6.5亿年前。大气中的氧浓度增加，也被认为与真核生物和多细胞动物出现等生物大进化有因果关系。如果这是真的，我们人类能诞生，也正是因为发生过全球冰冻。将来，全球冰冻也有可能再次发生。

生物篇

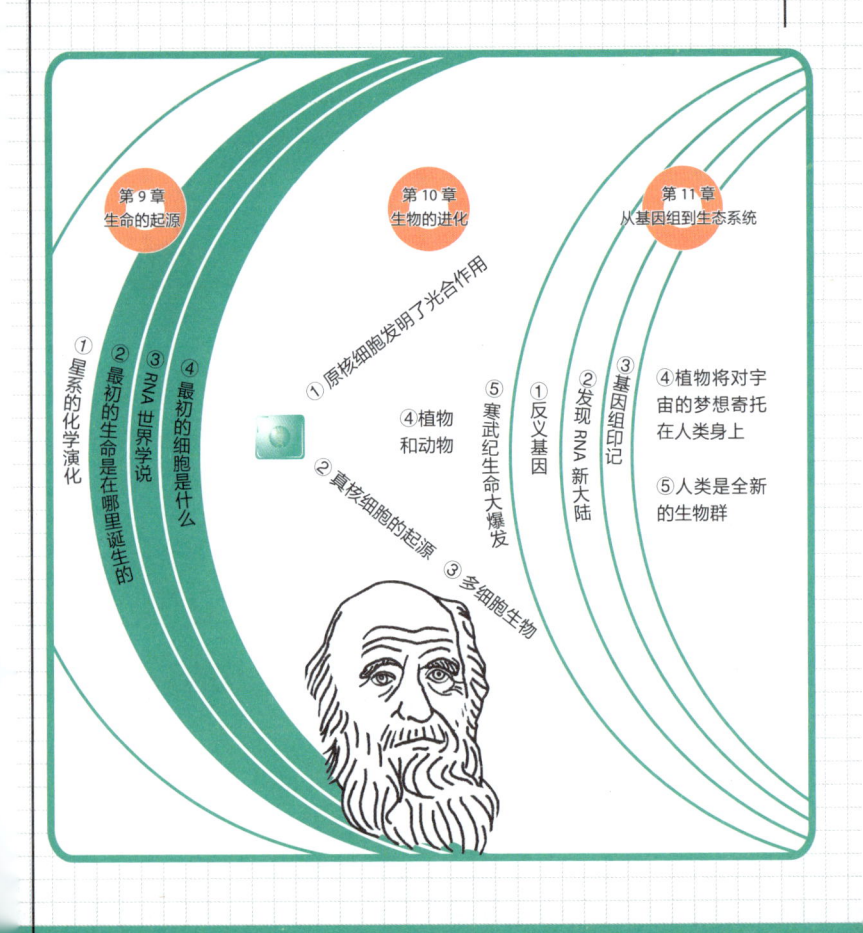

第 9 章 生命的起源

① 星系的化学演化

② 最初的生命是在哪里诞生的

③ RNA 世界学说

④ 最初的细胞是什么

第 10 章 生物的进化

① 原核细胞发明了光合作用

② 真核细胞的起源

③ 多细胞生物

④ 植物和动物

⑤ 寒武纪生命大爆发

第 11 章 从基因组到生态系统

① 反义基因

② 发现 RNA 新大陆

③ 基因组印记

④ 植物将对宇宙的梦想寄托在人类身上

⑤ 人类是全新的生物群

第 9 章
生命的起源

生命从星系的化学演化中诞生

有机物到底是在宇宙空间中形成的？还是在地球的原始海洋中形成的？学者们为此争论不休。

■ 理论概要

在宇宙诞生最初的三分钟里，氢和氦产生了。宇宙中存在的元素分布，以太阳为标准，氢占了约 70%，氦占了约 27%。天文学上将比氦重的元素称为重元素，重元素只占了整体的3% 左右。但是，如果没有重元素，那么行星、水、空气、生物都不可能存在。

重元素中到铁为止的元素是在恒星内部生成的，这些元素在超新星爆发时被释放出来，同时生成比铁更重的元素，抛散到太空中，因此恒星与行星之间的空间以及分布其中的星际气体被重元素"污染"。如果没有这种"污染"，那么行星的形成以及生命的产生都是不可能的。

星系中刚开始只有氢和氦，恒星形成后开始演化，超新星爆发使周围被重元素"污染"。下一代恒星，在被重元素"污染"的气体中形成并爆发，将重元素炸散。在这样的恒星世代交替中，每交替一次重元素比例都会增加。这就是星系的化学演化。

宇宙自诞生以来已经过了约 138 亿年。46 亿年前太阳系诞生时，宇宙已经被重元素充分污染，足以形成行星和生命。

最近的研究发现，除了生成生命的原材料重元素之外，后来构成生物的氨基酸和核碱基的有机化合物，也由存在于宇宙空间部分区域的带电微小尘埃形成了。带电的微小尘埃叫尘埃等离子体。

尘埃等离子体中的粒子在宇宙空间中，自我组装成单纯的有机分子，接着向生物分子演化。重现这个过程的实验取得了成功。星际空间中丰富的冰冻水成为原始生命的简单有机分子的诞生和成长之地，甚至形成了氨基酸，这一点也通过实验成功重现。氨基酸是支持生命活动的蛋白质的基本组成物质。

■ 理论产生的背景

关于生命的起源，人类从很早以前就在神话、宗教、科

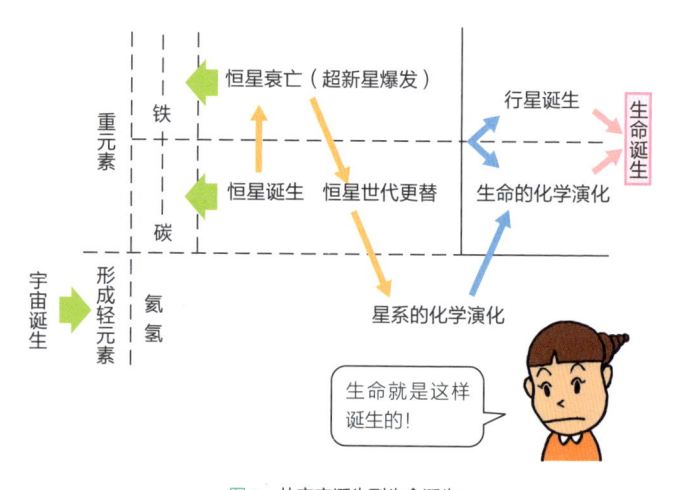

图 1　从宇宙诞生到生命诞生

学等领域提出了疑问，但至今没有最终的答案。这或许是自然科学中最大的难题之一了。无机物演变成有机物，有机物反应诞生生命的"化学进化说"是目前自然科学中最为广泛接受的学说之一。最早提出化学进化说的，是苏联科学家亚历山大·伊万诺维奇·奥巴林（1894—1980）。

奥巴林于1936年，在《地球上生命的起源》一书中，提出了在原始地球条件下无机物演化成小分子有机物，相互聚合形成高分子有机物的观点。原始海洋中，有机物分子通过团聚作用结合为多分子体系——团聚体。团聚体互相结合、分离，像变形虫一样蠕动。在团聚体不断吸收有机物的过程中，最初的生命诞生了，最后只有具备出色的代谢系统的生命存活了下来。

但是，如今看来，团聚体是不可能直接变成最初的细胞的。现在的观点认为，从无机物到细胞产生之前，应该还经过了更多的阶段。尽管如此，奥巴林的化学进化说还是成了20世纪与生命起源相关的各种观察和实验的基础。

1953年，美国芝加哥大学的哈罗德·尤里（1893—1981）和斯坦利·米勒（1930—2007）的实验也是这样，这就是著名的米勒－尤里实验，是生物学史上第一个关于生命起源的实验（图2）。

理论的发展

米勒等人假设地球原始大气的主要成分为氢、甲烷、氨和水蒸气，他们以此为基础成功合成了氨基酸。这些成分与

生物篇　第 9 章　生命的起源

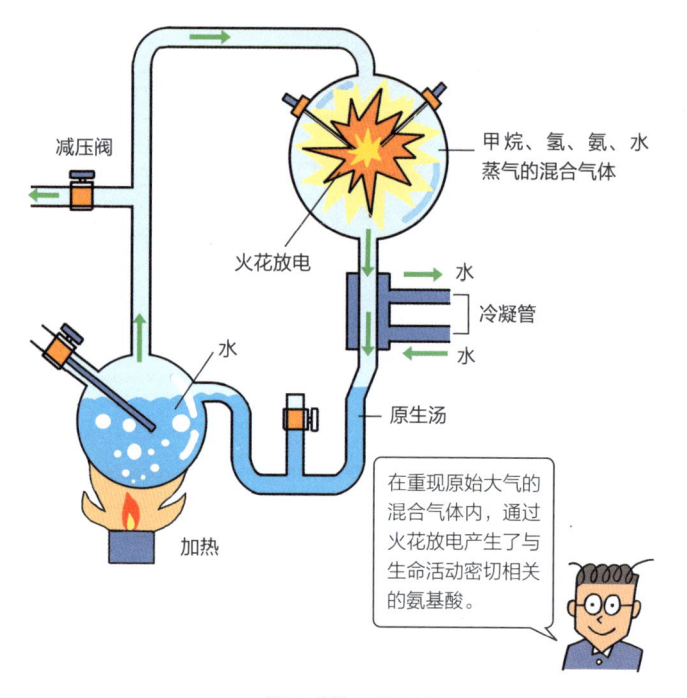

图 2　米勒－尤里实验

1969 年坠落于澳大利亚的默奇森陨石中含有的有机物非常相似，很多人为此感到惊愕。之后，随着太阳系形成理论的发展，有些研究者认为，原始大气的主要成分应该是具有更高氧化性的二氧化碳和一氧化碳。但是，在这样的大气中形成的有机分子的种类和数量都是很少的。这到底是怎么回事呢？

181

最初的生命是在哪里诞生的

最初的生命诞生于地球深海的热液喷口。

理论概要

随着星系的化学演化和原始太阳系的形成，生命的原材料被准备到了复杂有机分子的水平。这点在现代科学上已基本得到了确认。英国的天体物理学家霍伊尔等人发表了有关复杂有机分子在彗核内反应、演化，最后产生细菌和病毒的假说。但是几乎没有人支持这个假说。

还有假说认为最初的生命来自外太空，而且是太阳系外。这个假说于1787年由意大利的拉扎罗·斯帕拉捷提出；1906年，瑞典的斯万特·阿列纽斯将其重新命名为"宇宙胚种说"。

地球原始大气具有氧化性，难以合成氨基酸。但是，在地球外、太阳系外，或许存在与米勒－尤里实验相当的还原性环境。另外，在38亿年前的地层中发现的类似真细菌的化石，使得宇宙胚种说的支持者进一步增加。真细菌是19世纪后半叶以后陆续发现的病原细菌等多种细菌的统称，具有细胞的生理活性、自我复制能力以及细胞膜。

地球诞生后数亿年的时间内产生这样的生命体是不太可能的。宇宙胚种说中，从有机物演化到生命体的时间很充足，

生物篇　第9章　生命的起源

但这并不能成为宇宙胚种说成立的直接证据。不仅如此，在地球诞生后不久，只要地球上存在适合生命诞生的地方，或许生命就会很简单地诞生。

■ 理论产生的背景

最近，科学家们比较关注的地球上的生命诞生场所，是深海底的热液喷口那样的高温环境（图3）。现在比较常见的热液喷口，位于地幔喷出岩浆的热点和板块运动产生的海岭。

现在是不是还有新的生命在诞生呢？

图3　热液喷口

183

热液喷口之所以在地球上大量存在，是因为岩浆活动很活跃，表面有大量的水。渗入岩盘的海水从热液喷口喷出，不断循环。在约 40 亿年前，地球上已经有了海洋和火山活动。另一方面，当时的太阳辐射比现在要弱 20%，无法为地球提供足够的能量以产生生命。

从大量的连续性能量供给这一点来考虑，人们自然就会想到原始地球上海底的热液喷口。这里含有大量氢、甲烷、硫化氢等还原性物质的热液被连续释放出来，同时存在极端的温度梯度。这是很适合生物大分子通过氧化还原反应获取及产生能量的地方。

■ 理论的发展

1976 年，一支调查海水温度的海洋地质学家团队，在东太平洋海岭支脉的加拉帕戈斯裂谷海域，发现了一种海底热液喷口——黑烟囱。1977 年，美国的微生物学家卡尔·伍兹建议将原核生物分为古细菌和真细菌两个域，接近生命起源的生物群倾向变得明确起来。越来越多的证据显示生命诞生于热液环境中。

在这之前，与生命起源相关的实验，主要讨论的是由无机物演变到生命的化学进化说。在这之后，从生命诞生以后的生物进化往前追溯探索生命起源的研究盛行了起来。这种研究与化学进化的研究不同，需要很多生物样本。科学家们使用大量的样本，从描绘包含古细菌、真细菌、真核生物的生物进化系统树开始进行实验（图4）。

生物篇　第9章　生命的起源

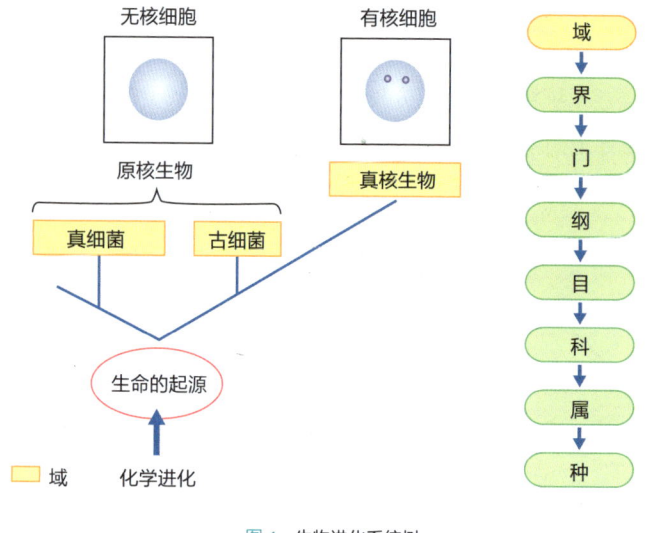

图4　生物进化系统树

　　描绘系统树的实验以往大多是基于小分子的蛋白质氨基酸的序列。随着 DNA 测序法和聚合酶链式反应（PCR）法的确立，人们开始能够处理更大的数据。特别是 PCR 法，只需通过简单的温度操作就能在短时间内将目标特定的 DNA 片断扩增到 10 万倍以上。这是一个重大发明，给包含人类进化的生命进化研究带来了巨大的转机。再加上计算机的计算能力飞速发展，使得对庞大遗传信息的分析变成可能。

　　科学家一般通过比较核糖体 RNA 的碱基序列来分析生物之间的系统关系。这是因为核糖体是存在于所有生物细胞内的结构，是读取信使 RNA 的遗传信息，将其翻译并合成蛋白质

185

的场所（图 5）。

古细菌、真细菌、真核生物这三个域中，古细菌和真细菌在接近系统树根部的地方发生分化。在这种基于核糖体 RNA 碱基序列的系统树中，越靠近系统树根部的生物，越能在高温环境下生存。

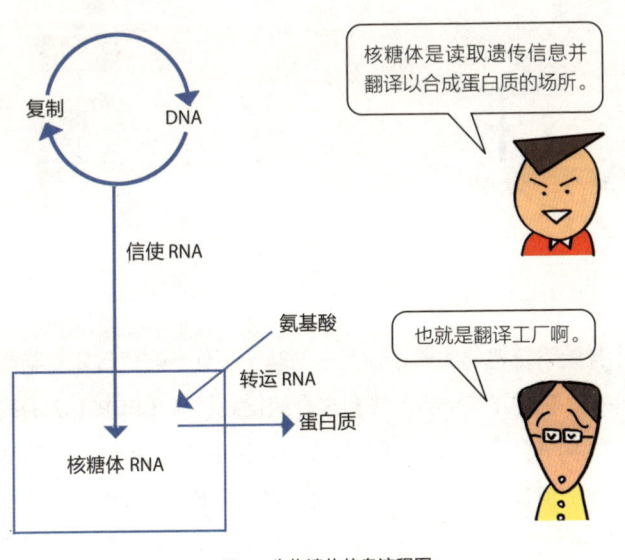

图 5　生物遗传信息流程图

RNA 才是原始生命之源
RNA 世界学说

生命的进化始于自我复制的 RNA。

理论概要

地球形成早期的岩浆海冷却，雨从覆盖着地球的云中倾泻而下，形成了原始海洋。科学家们认为，原始海洋中积累了大量的核糖、磷酸、核酸碱基、氨基酸等多种有机分子，形成的液体被称为"原生汤"。约 40 亿年前，地球上的某处，可能是深海热液喷口附近的原生汤中，在核酸的弱催化作用下，核糖和磷酸以形成骨架的方式不断生长，诞生了只由 RNA 构成的自我复制系统。"RNA 世界"形成并开始进化（图 6）。RNA 通过不完全的自我复制，也会产生具有新特性的 RNA。具有更适应环境特性的 RNA 留下大量后代，进一步进化。

另一方面，在其他热液喷口附近的原生汤中，氨基酸连接起来，形成由多肽组成的"蛋白质世界"。不同的热液喷口，或形成 RNA 世界，或形成蛋白质世界，虽然是原始的，但也开始相应的进化，并扩展到温度梯度的极限。

在岩浆涌出的海岭等处的热液喷口分布密度很高，不久 RNA 世界和蛋白质世界发生接触，当它们独立存在时是非常原始的，现在它们开始共存并相互交流。

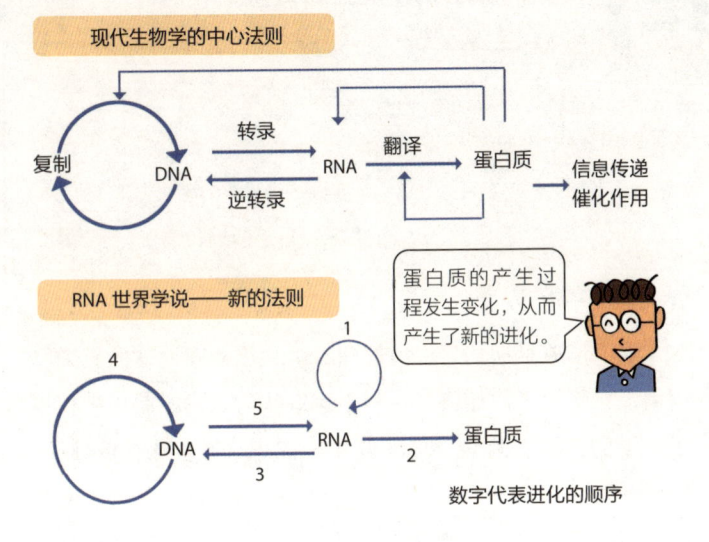

图 6　遗传信息的流动

　　根据 RNA 世界提供的信息，具有更优秀功能的蛋白酶、制造蛋白酶的系统、蛋白质翻译系统等得以产生。由此形成了产生蛋白质的"RNP（核糖核蛋白）世界"。RNA 与 DNA 相比非常不稳定，无法形成复杂的生命，于是遗传信息从 RNA 转移到 DNA，形成了"DNA 世界"。然后，DNA 被选为更稳定的遗传信息载体，由此产生了现在的动物和植物，DNA 进化也随之加快。

理论产生的背景

　　原始地球上的有机物要演变成生命体，需要建立繁衍后代的自我复制系统。

生物篇 第 9 章 生命的起源

要推测最初的自我复制系统，目前只能从地球上现存的所有生物至今仍然共同保持着的遗传信息的翻译机制中查找线索。我们的生命系统，也就是遗传信息的流动由"中心法则"来控制。DNA（脱氧核糖核酸）自我复制保存起来的 DNA 信息，先被"转录"为 RNA（核糖核酸），RNA 信息再被"翻译"成蛋白质。自我复制、转录、翻译的过程，全部通过蛋白质的催化作用进行。

如果以此为线索来推测原始生命的自我复制系统，将面临巨大的悖论。这个悖论就是"到底是先有信息，还是先有功能"。要合成承担功能的蛋白质，需要DNA信息，但DNA的复制是通过蛋白质完成的。换而言之，生成核酸需要蛋白酶的作用，而生成蛋白酶所需的"氨基酸序列"这个信息，由核酸承载（图7）。要解开这个悖论，就要解决原始生命体中DNA和蛋白质到底哪一个先出现的问题，这与先有鸡还是先有蛋的问题一样。

但 20 世纪 80 年代初期，美国的分子生物学家托马斯·切赫等人发现有些 RNA 也具有催化功能，被称为核酶。核酶有望用于癌症的基因治疗等，现在备受瞩目，正在积极研究当中。

如果原始 RNA 可催化自我复制反应，说明原始 RNA 同时具有承载遗传信息和催化的功能，有充分资格被称为原始生命。如果 RNA 自身带有遗传信息，并具有

> 这个问题就和先有鸡还是先有蛋的问题一样嘛。

189

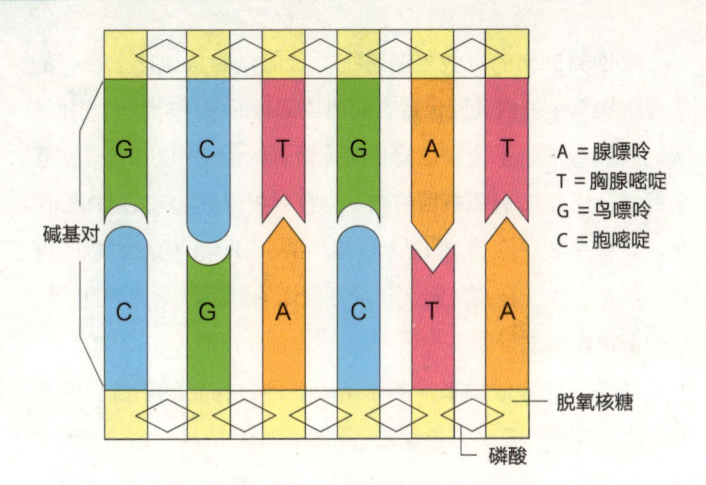

图 7　DNA 的结构

A = 腺嘌呤
T = 胸腺嘧啶
G = 鸟嘌呤
C = 胞嘧啶

碱基对

脱氧核糖

磷酸

催化功能，那么自身就可以不断复制，这样的世界就是 RNA 世界。

理论的发展

认为 RNA 在地球生命史上最早出现的这个 RNA 世界学说，至今仍存在一些问题。

构成 RNA 的三个要素之一的核糖中，有立体结构不同的 L- 核糖和 D- 核糖两种，RNA 只使用 D- 核糖。为什么只选择了一种呢？此外还有一个问题，当尝试制造非生物性的 RNA 那样的链时，最多可连接 50 个核糖，再多难度就非常大。最近受到瞩目的"黏土铸型说"或许可以解决这些难题。D- 核糖比 R- 核糖更容易附着在黏土上，于是选择了黏

生物篇 第 9 章 生命的起源

土来铸型。

在简单的有机分子和黏土晶体之间的共生关系中，RNA像黏土晶体一样进行自我复制。一旦这样的复制系统建立，易熔化的脆弱黏土晶体就被舍弃了。RNA 世界就是这样建立的。

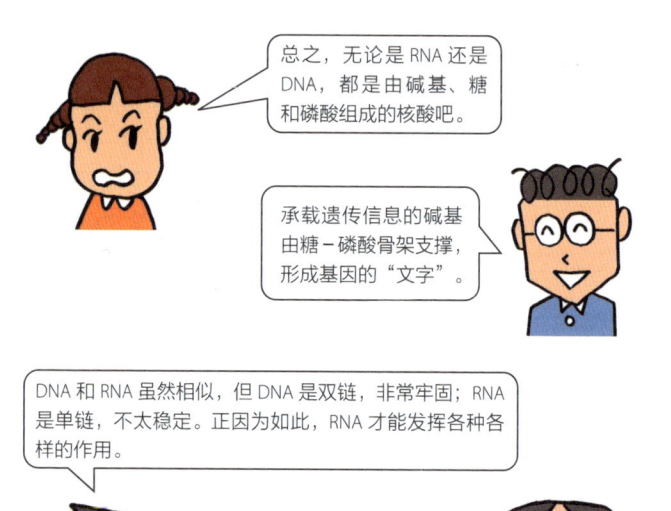

总之，无论是 RNA 还是DNA，都是由碱基、糖和磷酸组成的核酸吧。

承载遗传信息的碱基由糖－磷酸骨架支撑，形成基因的"文字"。

DNA 和 RNA 虽然相似，但 DNA 是双链，非常牢固；RNA是单链，不太稳定。正因为如此，RNA 才能发挥各种各样的作用。

生命不是始于 DNA，而是始于 RNA，这种想法也是很自然的。

04 最初的细胞是怎样产生的

由磷脂双分子层包裹的生命袋子——那就是细胞。

■ 理论概要

深海中常见的热液喷口附近，即便是现在，生物活动也很活跃。复杂的生物社会以溶解在热液中的各种化学物质为基础建立起来。合成有机物的古细菌类支撑着食物链的最底层，此外还有巨型管虫、双壳贝和虾等。

高温液体从热液喷口持续喷出，急剧冷却后扩散到周围的冷水中。距今约 40 亿年前，在具有极端温度梯度的热液喷口周边，如同袋子包起来的泡沫一般的细胞诞生了。

细胞膜被称为守护生命的袋子，由磷脂组成（图 8）。磷脂分子由对水具有较大亲和力的亲水性头部和与水互相排斥的疏水性尾部组成。磷脂分子的亲水性头部聚集在一起组成群，疏水性尾部聚集在一起也组成群，形成双分子层。

地球的原生汤中存在的简单分子的浓度增加，形成蛋白质和核酸等大分子，当它们被封锁在一个膜内时，将形成一个独立的反应系统。但是，光这样的话，根据熵增原理，系统一定会崩溃。原始细胞的生命光辉像彩虹一样转瞬即逝，大部分细胞像泡沫一样消失。

将内部增加的熵舍弃到膜外，并能够从外界摄取可自由使

生物篇 第9章 生命的起源

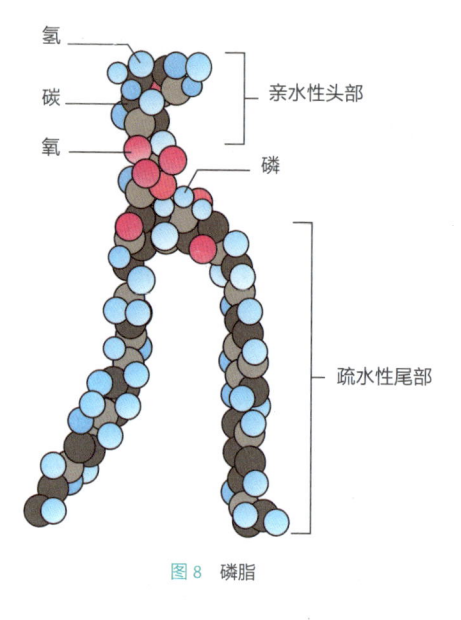

图8 磷脂

用能量的原始细胞生存了下来。并且由于原始细胞不是封闭系统而是开放系统，如果膜不承担物质交换的功能，细胞也无法存活下来。能够实现这种与外界进行物质和能量交换功能的是蛋白质。

■ 理论产生的背景

蛋白质的基本构成单位是氨基酸，氨基酸像念珠的珠子一样连接起来形成蛋白质。氨基酸多达20种，它们的质量、结构等各不相同，因此能组合出各种不同的蛋白质。

磷脂双分子层具有流动性，能够让多种蛋白质像海上的浮

193

冰一样漂浮在上面。漂浮在膜上的蛋白质叫膜蛋白，它们能够在磷脂海洋中自由活动。磷脂膜是半透膜，极小的分子或疏水性碳氢化合物那样的分子可以通过，大部分分子和离子无法通过。只靠这个性质，细胞无法摄取必要的物质。

这时膜蛋白就承担了这一任务。有的膜蛋白贯通整个膜被称为整合膜蛋白，能够选择性地让特定的离子和物质通过（图9）。有人认为这种选择透过性正是与人类意识相关的认知功能的根源。因为人类意识的基础，是根据离子浓度的调整，膜电位发生变化，从而使电信号在细胞内传递。

热液喷口附近出现了各种具有不同组合的膜蛋白的原始细胞。具有内部的核酸和蛋白质等反应系统，以及与外部环境的相互关系的最佳组合的原始细胞存活了下来。那么，原始细胞具体是什么样的呢？

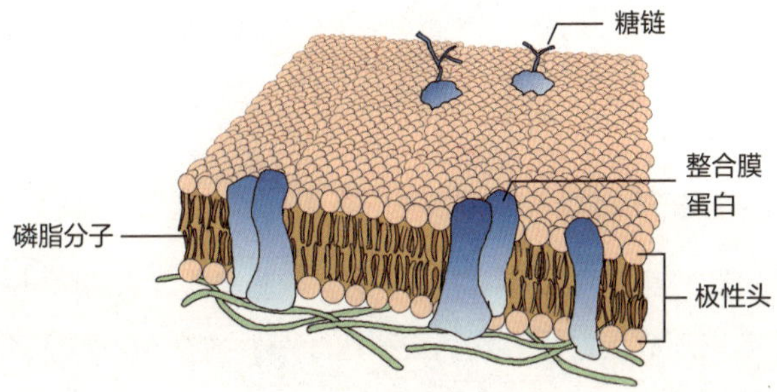

图9 细胞膜的结构

生物篇 第9章 生命的起源

■ 理论的发展

　　原核（生物）细胞和真核（生物）细胞的差别很大，体积上原核细胞只有真核细胞的 1/1000。另外内部结构（细胞器）上，原核细胞中缺少真核细胞中存在的核膜、线粒体、叶绿体、高尔基体、核糖体、微体、中心体等，结构非常简单（图 10）。因此，原核细胞被认为是最小的生命单位。但这只是现在的情况，在原核细胞出现以前，应该存在着比原核细胞更简单的原始细胞（虽然现在已经不存在了）。

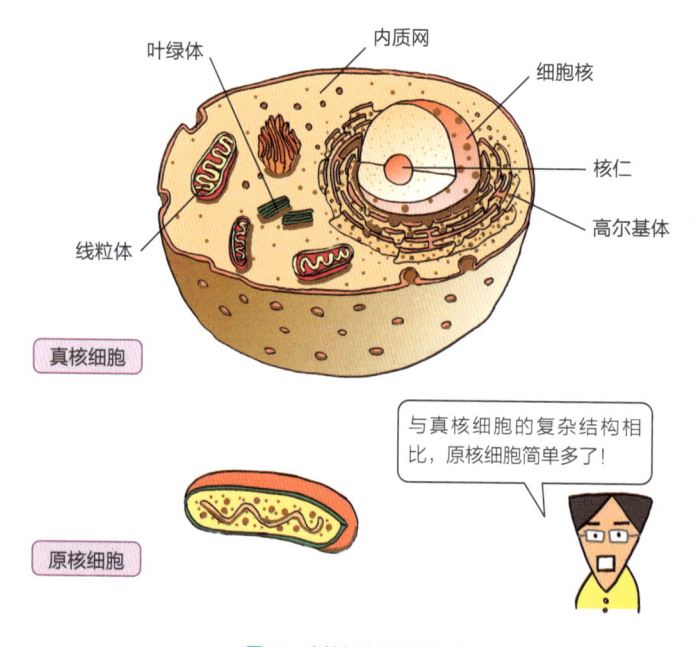

图 10　真核细胞和原核细胞

195

因为如果个体发育会重复系统发育，那么反过来也是可以的。原核细胞的增殖是无丝分裂，从最初细胞膜上的起始复合体开始，一点点进行 DNA 的复制，让我们从这个角度来设想一下原始细胞吧。

在被微小、柔弱的细胞膜包裹的区域中，有一种含有前核糖体的细胞质。一根像胡须一样的类 RNA 物质从细胞膜的一部分延伸到内侧。前核糖体进入这里合成蛋白质。虽然范围很小，但能够进行代谢。迎来分裂期后，复制启动蛋白被合成，从胡须的根部到末端进行复制，变成两根胡须。然后两根胡须之间产生隔膜，分裂完成。

第 10 章

生物的进化

原核生物发明了光合作用

光合作用与地核的分化有关。

■ 理论概要

细菌无处不在。空气、土壤、我们的口中都有细菌。将牙龈薄薄地刮下一片，每平方厘米有 10 亿个细菌。也就是说，一个人口腔中的细菌数量比地球上的人类还要多。

这里所说的细菌是真细菌。有一种真细菌叫蓝细菌，是地球上最早通过光合作用产生氧气的微生物。蓝细菌现在也以浮游生物的形式存在，在身边还是可以见到的。那么，光合作用究竟是怎么被开发出来的呢？

生命诞生后不久，过去积蓄的原始有机汤被消耗殆尽，开始枯竭。于是，以有机物为碳源的异养生物逐渐向以二氧化碳为碳源的自养生物进化。

有机汤资源的枯竭导致了合成营养物质的系统的进化，首先是依赖化学能作为能量来源的化学合成。换句话说，这个系统通过氧化从海底喷出的热水和冷水中含有的硫化氢产生能量，并将其储存在 ATP（三磷酸腺苷）中，再根据需要加以利用（图 1）。

ATP 现在不仅是在人类肌肉运动时被利用，地球上所有生物都把它当作储能物质使用。这可能是因为地球上最早出现的

198

生物篇 第10章 生物的进化

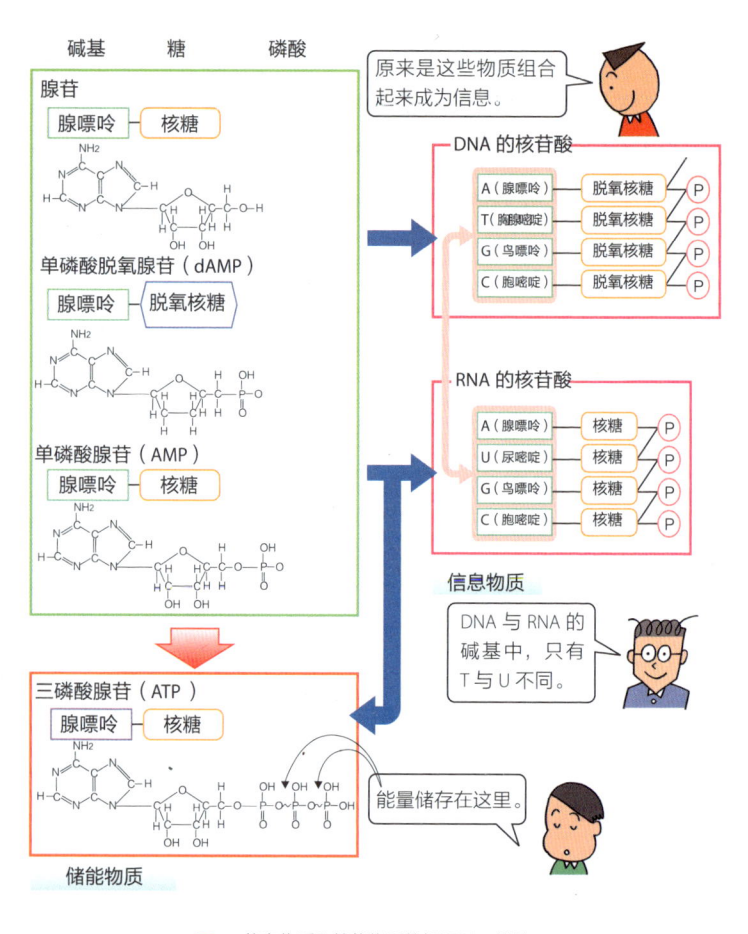

图1 信息物质和储能物质的根源是一样的

199

生物使用 ATP 作为储能物质。

ATP 是在由腺嘌呤、糖与磷酸组成的核苷酸基础上，再结合 2 个磷酸而形成的，能量储存在磷酸之间结合的部分。与此相对，DNA 是糖与磷酸的骨架中嵌入 4 种碱基，即腺嘌呤、鸟嘌呤、胞嘧啶和胸腺嘧啶，通过其连接顺序来表达遗传信息。将胸腺嘧啶替换成尿嘧啶就是 RNA。DNA 和 RNA 都被地球上所有生物当作遗传信息的载体。

如上，生命的信息物质和储能物质共同使用核苷酸，非常有意思。

总之，化学合成生物就这样克服了早期的资源枯竭问题。有些化学合成生物功能进一步进化，以太阳光为能量源，以地球上丰富的水为氢源，形成了新的碳酸同化系统，也就是光合作用。那就是蓝细菌。

理论产生的背景

寻找早期生命痕迹的地质学家们，调查了世界各地的地层。其中引人注目的是具有叠层状沉积构造的叠层石。

1960 年，在澳大利亚西海岸，人们发现了与前寒武纪（地球诞生至 5.4 亿年前开始的寒武纪为止的时期）岩石具有同样结构的叠层石。其表面的黑色物质，被证实是进行光合作用的原核生物蓝细菌。

那么，蓝细菌是什么时候出现的呢？科学家们认为，这些生命痕迹变成地层和化石保存下来，大概是在稳定大陆的边缘部形成大规模叠层石的约 27 亿年前。

生物篇 第10章 生物的进化

图2 澳大利亚西海岸的叠层石

　　距那时约3亿年前，即距今30亿年前，地球周边形成的强磁场阻挡了太阳风的直接来袭，生物得以进入海洋中较浅的地方。利用光能产生化学能的光合细菌就此登场。

　　地球周围能够形成强磁场，大概是因为受到地核分化成外核和内核的影响。外核是液态的铁，内核是液态铁固化后形成的，现在也还在继续成长。内核成长到一定程度后，核内物质的流动受到限制，发电机效应和地球磁场也受到影响。

理论的发展

　　蓝细菌的光合作用与现在植物的光合作用一样，将水和二氧化碳合成有机物，释放出氧气。原核细胞中存在着多种进行

201

不同光合作用的光合细菌。有些可以利用水和硫化氢合成有机物和硫，有些利用光能分解有机物获取能量。这些细菌中，除了蓝细菌外都不会产生氧气。

这些光合作用的区别，在分子生物学的研究中已经很明确。蓝细菌和植物吸收光使用的是叶绿素a；而其他光合细菌使用的是叶绿素b或叶绿素c。不同种类的叶绿素吸收光的波长不同。

根据这个区别，光合细菌可分为紫细菌、蓝细菌和绿细菌等。现在已经明确，蓝细菌的光合作用，结合了紫细菌和绿细菌的光合机制，从而能够合成有机物。也就是说，紫细菌和绿细菌在蓝细菌以前就已经出现了，这大概是30亿年前的事情。

顺便说一下，叶绿素a中含有4个吡咯环，呈十字形，中间有一个镁原子。另一方面，人类红细胞中的血红蛋白，也是4个吡咯环组成的十字形，区别是中间不是镁，而是铁。植物和人类在基本的地方使用的东西非常相似，可以说没什么差别。

向真核细胞进化

氧污染促使真核细胞出现。

理论概要

原始海洋中含量丰富的有机汤被原核细胞消耗完后枯竭，有机汤的枯竭促使原核细胞进化，并产生了以太阳光为能量源的新的碳酸同化系统，也就是光合作用（图3）。这导致生物

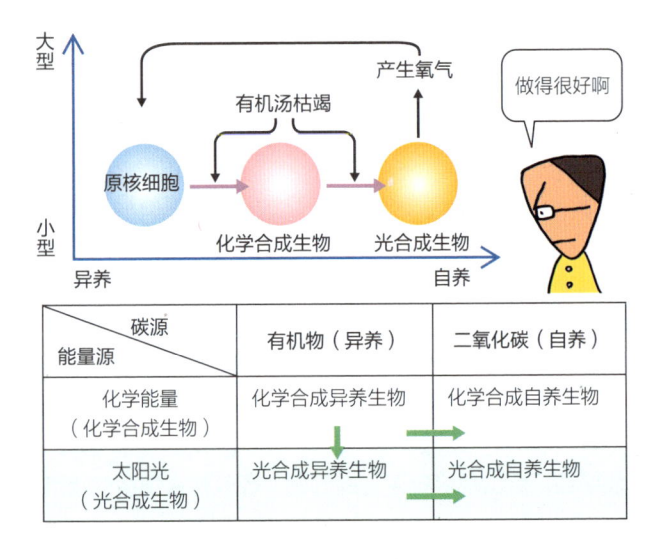

图 3　生物的进化

界的生物质急剧增加。

为了获得更多的光，生命来到陆地上。另一方面，光合成生物的进化给其他生物带来重大影响，或者说带来了很大的麻烦。在光合作用中，从水中提取氢后残留下来的氧会变成气体分子释放出来。这对在没有氧的厌氧环境中诞生的早期生命体来说是有害的环境污染，即氧污染。因此，很多生物都灭亡了。但是，有些生物逃到厌氧环境中，有些生物适应了有氧环境并获得了新的功能，即有氧呼吸功能。这个功能是如何获得的呢？

原核生物向光合成生物进化的同时，部分原核细胞向另一个方向进化。为了能够以其他细胞为食，它们开始变大，产生了能够自由变形的膜以便将其他细胞包起来，消化并吸收。

在蛋白质尚未枯竭的有机汤存在的阶段，厌氧性古细菌通过吞食不断吸收蛋白质，使细胞增大变成可能。蛋白质被古细菌细胞膜中凹陷的囊泡包住，进入细胞内部。一般情况下，被吸收的蛋白质会被分解以重新构建细胞结构，或作为能量源使用。但是，有些蛋白质没有被分解，而是以囊泡的形式残留在细胞内。

这些残留在细胞内的囊泡融合后形成内质网。内质网具有合成各种蛋白质和脂质的功能。因此，信息和能量的传递效率提高，细胞更容易增大。

随着细胞增大，如果还是像以前一样进行厌氧呼吸，那么产能效率低，会出现能量不足的问题。厌氧性古细菌的厌氧呼吸是在无氧的情况下分解营养物质从而获得能量。

生物篇　第 10 章　生物的进化

与此相对，一些没有增大、使用氧气进行有氧呼吸的真细菌，其产能效率是厌氧呼吸的 20 倍。如果厌氧性古细菌摄入有氧呼吸的真细菌，不进行消化、吸收，而是在细胞内"饲养"起来共生的话，那就能利用产能效率高的有氧呼吸了。这些真细菌将成为细胞内的发电站，也就是我们所说的线粒体（图 4）。

顺便说一下，这里的呼吸和我们人类的呼吸稍微有些不同，是指内呼吸。细胞从碳水化合物、脂肪、蛋白质等营养物质中摄取能量，产生生命活动中能够利用的 ATP。与此相对，我们的呼吸是外呼吸，是生物体与外界的气体交换。

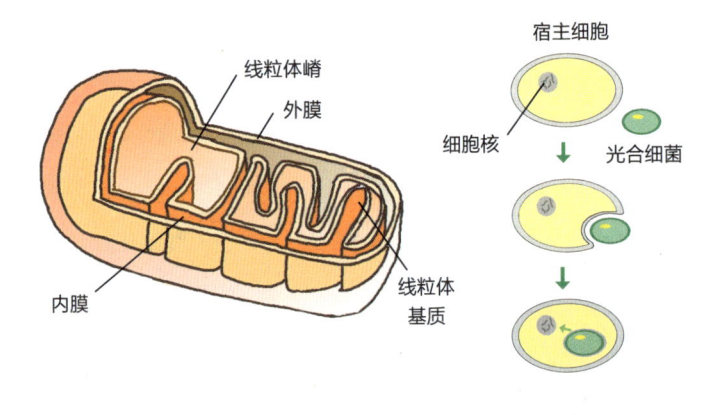

图 4　线粒体的结构

205

■ 理论产生的背景

1970 年，生物学家林恩·马古利斯提出了"细胞内共生说（图 5）"，认为不仅是线粒体，进行光合作用的叶绿体也来自细胞内共生的其他细胞。研究发现，包着这些细胞器的生物膜是双层膜。如果考虑到好氧性细菌和蓝细菌被摄入到宿主细胞内，之后膜残留了下来，那它们对应的线粒体和叶绿体的功能也就很容易解释了。这是细胞内共生说的有力根据。

此外，这些细胞器还具有独立的 DNA，转录、翻译机制与真细菌相似。另外，被认为在更晚的时代蓝细菌在细胞内共

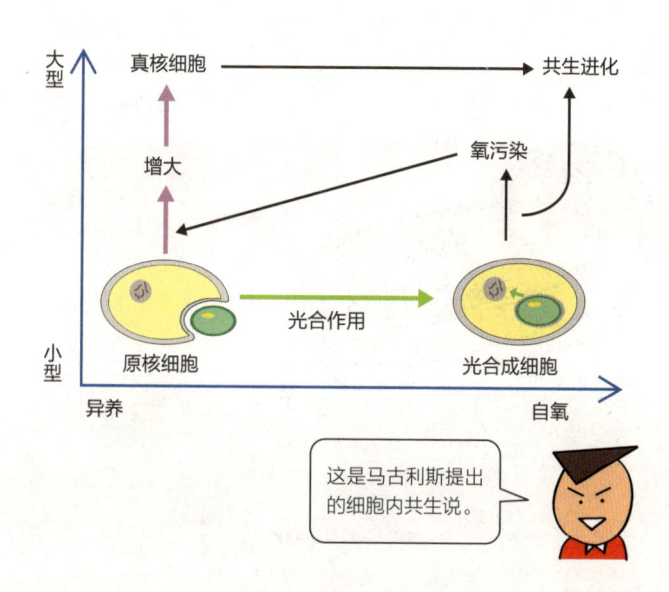

图 5 细胞内共生说

生的生物现在也还存在。这些证据的出现，使得细胞内共生说的支持者增加了。之后，细胞内共生说虽然也有部分修正，但现在基本上是定论了。

◼ 理论的发展

线粒体起源于某种进行有氧呼吸的原核细胞、好氧性真细菌。另外，接纳了这种真细菌的原核细胞，被认为是与现在的古细菌相近的厌氧性细菌。对于厌氧性细胞来说，氧气是有毒的。

厌氧性细胞要接受好氧性细胞，双方必须能够共存，因此细胞内需要分隔开。细胞增大并拥有能够自由变形的膜，或许就是出于此原因。自由变形的膜向内弯曲并撕裂，就可以变成共存的隔膜。

这个隔膜的一侧是使用氧气的线粒体，另一侧是之前在原核细胞内散布的 DNA，它在有氧环境中是很脆弱的，但成功配置了 DNA 的细胞存活了下来。这种隔膜完全包住 DNA，最后形成完整的核膜。真核细胞就此诞生了。

2000 年，东京医科大学神经生理学讲座的兼任讲师小塚芳道等人的研究团队发现了介于原核细胞与真核细胞之间、具有不完整核膜的微生物。这种微生物是在日本伊豆群岛南方、明神礁附近约 1300 米深的海底提取的泥中发现的，当时它附在沙蚕的同类多鳞虫上。用电子显微镜观察发现，该微生物的 DNA 被不连续的不完整膜包围着，并且和真核细胞一样，其细胞内具有形状几乎完美的线粒体。

207

从单细胞生物到多细胞生物

正因为真核细胞的出现，生物才有可能向多细胞生物进化。

理论概要

27 亿年前，首次出现了真核单细胞生物，形成了用核膜保护 DNA 的细胞核。双重的膜空间形成，保证了 DNA 的稳定性。这样一来，与以氧气和太阳光为营养源的原核生物进行共生变成可能，这些生物变成细胞内的线粒体和叶绿体等细胞器。随着可储存大量遗传信息的核的出现，细胞继续增大的基础得以确保。另外内质网的形成，使信息与能量的传递效率提高，细胞更容易增大。真核细胞直径增大到原核细胞的约 10 倍，但细胞增大的同时信息也增加，并不得不承担增大伴随的风险。

体型增大当然风险也会随之增加啊

生物篇　第10章　生物的进化

线粒体和叶绿体内置的 DNA 减少到最小限度。相应地，核内的 DNA 增加了。另外，增大还伴随有另一些 DNA 的增加，这些 DNA 记录了用于生成内质网等单膜细胞器的遗传信息。最终，开发出细胞核和染色体三维结构及动力学的真核细胞存活了下来，它们能容纳这种大容量 DNA。

细胞表面积不足也是一个问题。直径变成 10 倍，表面积变成 100 倍，体积变成 1000 倍，就是说单位体积的表面积只有原来的 1/10。并且，细胞内氨基酸等物质的运输量，随着细胞体积增大也急剧增加。

细胞内膜系统（图 6）的发育完美地解决了这些问题。细胞内膜系统由细胞核的核膜以及内质网、高尔基体、溶酶体、

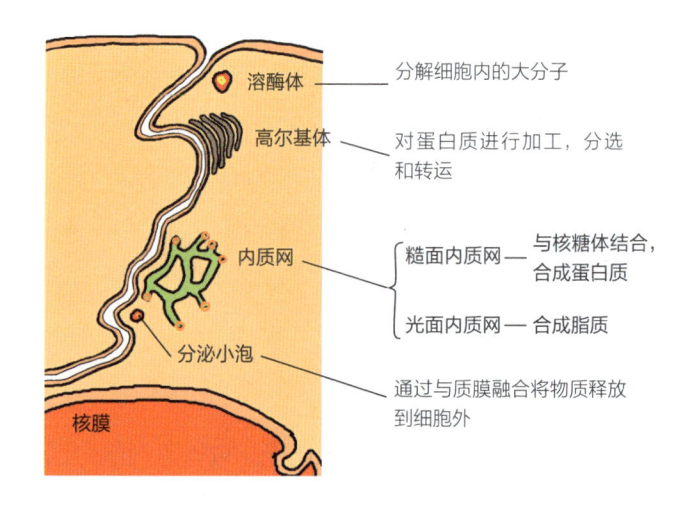

图 6　细胞内膜系统示意图

209

分泌小泡等细胞器的膜组成。

细胞内膜系统将细胞质与细胞器严格地区别开来。也就是说，细胞膜凹陷，蜿蜒弯曲，连接细胞器，然后到达核膜，这就是细胞内膜系统的形态。

这样一来，细胞膜表面积实际上并没有不足，而是增大了。另外，内膜脂质层上分布着具有各种功能的蛋白质，它们加强了细胞内的物质运输。

■ 理论产生的背景

高尔基体是多细胞生物的细胞为了与生物体内的其他细胞相互作用，对各种蛋白质进行加工、分选并将其分泌到细胞外的细胞器。

如果在真核单细胞生物阶段高尔基体已经产生了，那么它扮演的应该是与其他单细胞联系，或者将"邮件"（蛋白质）分类的角色。在细胞器的形成过程中，用于制造细胞器的遗传信息也会增加。为了整理、保存增加的遗传信息，细胞核和染色体的三维结构及动力学的开发就更有必要了。

■ 理论的发展

细胞的增大还有其他问题，就是细胞结构的保持及突变的累积。为了保持细胞结构，在细胞内部形成细胞骨架是回避危机的对策。

但是，在这个阶段之前的真核单细胞，应该是一倍体大型细胞。一倍体是指具有一套用于自我复制和分裂的基因组。对于一倍体细胞来说，突变多数情况下意味着死亡。针对这个危机，可以采取两种回避对策。

其中一种对策，是让初期拥有无限分裂能力的真核一倍体大型细胞持续反复分裂，如果发生突变，坦然接受死亡并被淘汰，幸存者则开展多彩的生命形态。这条路通往多细胞生物的体细胞。体细胞引入死亡淘汰机制突变后就会死亡，这为多细胞生物的形成打下了基础（图7）。

体细胞内死亡淘汰机制的建立，使多细胞生物的形成变成可能。例如人类胎儿在母体内的时候，最开始手指和手指之间是有蹼的，就像青蛙一样。之后，蹼消失，变成人类的手的形

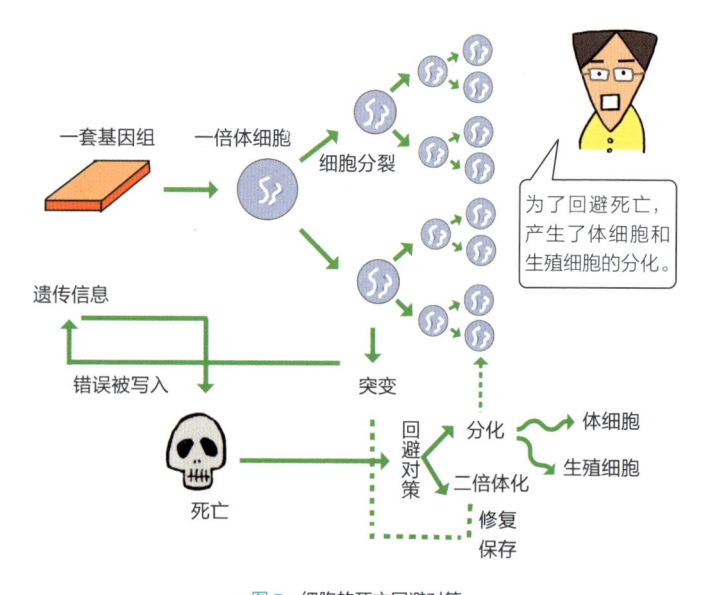

图7 细胞的死亡回避对策

211

状。之所以会这样，是因为蹼的细胞自行死亡了。这是被预先写入遗传信息、编程好的细胞单位的自杀，被称为细胞凋亡。这种细胞的程序性死亡，对生命作为整体生存下去具有非常积极的意义。

另一种回避对策是真核一倍体细胞的二倍体化。将变成两套的基因组进行比较对照，能够对突变进行修复。二倍体化使得基因组的其中一套能够作为容纳突变的仓库使用。甚至出现了将体细胞单倍体化的生物。与没有获得这种机制的生物相比，它们具有很大优势。

另一方面，生殖细胞的单倍体化，也就是减数分裂，其优势并不仅仅是将二倍体化后的基因组的其中一套作为容纳突变的仓库使用，还可以试验积累下来的突变的效果。突变虽然在多数情况下会带来对生存不利的影响，但在特别条件下也能发挥有利的作用。突变的特别组合，也可能通过各种基因的相互作用变得对生存有利。

动物和植物很相似

动物和植物的相似程度远超以往的想象。

■ 理论概要

　　增大后的细胞，面临着突变累积的危机。为了回避危机，有些类群选择了向多细胞生物进化的道路。它们将多细胞分化成两种，多数细胞变成二倍体化的体细胞，并加入了分裂停止机制；少数细胞加入单倍体化机制，变成生殖细胞（图8）。就这样，体细胞的分裂停止机制与生殖细胞的单倍体化机制耦合起来。这个观点的依据是奈良女子大学高木由臣提出的假说。

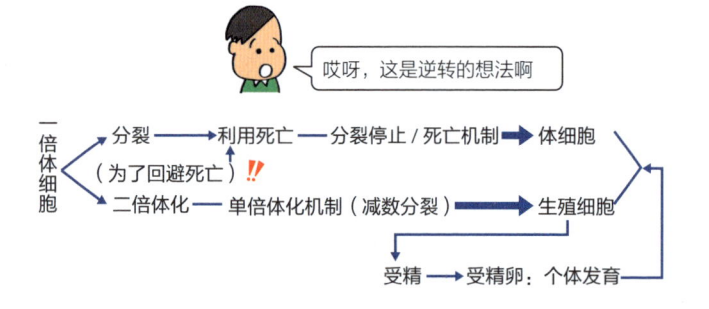

图8　多细胞生物的进化理论

213

体细胞的分裂停止机制后来发展为死亡机制。细胞"不死"才是原本的性质。由于发生了向体细胞的分化，才开始有了"死亡"。

无论如何，由于突变是进化的原动力，能够灵活利用突变的生命系统发挥适应性，可以说是理所当然的。

不能进行单倍体化的二倍体细胞，可以回避突变的当前危机。但是，突变的容纳是有限的，两套基因组的同一个地方可能会发生同样的突变，因此并不能一直存活下去。卵子和精子这两种生殖细胞的受精，将产生双亲基因混合后的新组合。有性生殖会增加遗传变异的可能性，从而加速进化。

◼ 理论产生的背景

动物和植物是多细胞生物的两大类。科学家推测，两者是从单细胞祖先开始就完全区分开，平行地向多细胞进化的。其产生和器官的分化过程也明显不同，发挥功能的基因种类也不同。但是，它们之间还是存在着几个相同点。

原本单细胞生物就是通过自我复制分裂细胞来增殖的。另一方面，多细胞生物在细胞的分裂过程中分化成各种不同的细胞。要达到这个目的，细胞分裂形成的两个子细胞中，需要一种分子机制，即将其中一个变成拥有与自身不同性质的细胞，另一个变成拥有与自身性质相同的干细胞。并且科学家们最近发现，动物和植物中的分子机制有着相同的部分（图9）。

动物和植物有多个相同点，比如无论是动物还是植物，同源异形选择者基因都在发育过程中发挥了重要作用；在将未分化的组织进行区域化，形成复杂的形体模式这一点上采用的是同样的方法等。

另外，研究还发现，参与产生并维护果蝇卵子、精子的生殖干细胞的 Piwi 基因群，还具有形成并维护植物顶端分生组织的功能。

植物的顶端分生组织不断产生新的叶子，维持枝条顶端的

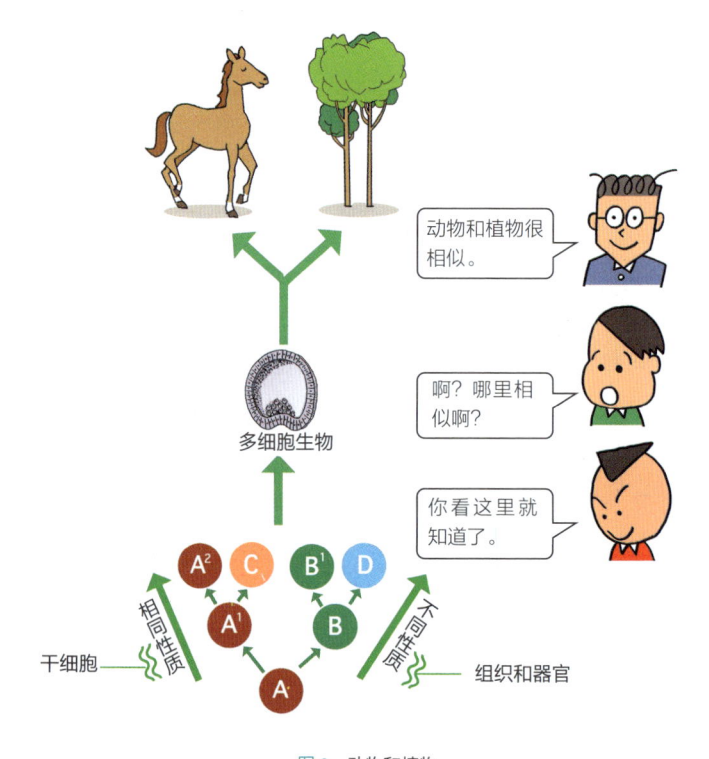

图 9　动物和植物

未分化状态。这与动物的干细胞完全一样。无论是动物还是陆生植物，建立体轴形成机制是多细胞细胞团脱离单纯的细胞集合并形成更复杂的三维系统的必要步骤之一。

动物身上形成前后的体轴，左右对称发育。植物中连接茎的尖端和根的尖端的轴决定后，会形成与此轴相对的新轴，沿着新轴继续发育。

动物和植物都需要建立体轴形成机制这一点是相同的，但到现在为止，体轴形成相关的行为者完全不同。沿着体轴重复体节结构在节肢动物身上很明显，植物的繁殖单位（叶片、节、节间和腋芽）也会在枝条间重复出现。两种行为者至今也有所不同。

以动物和植物的共同结构为前提的分化，是今后要研究的问题。

■ 理论的发展

诱导性多能干细胞（iPS 细胞）最早由日本京都大学的山中伸弥教授的研究团队于 2006 年发现，它具有与胚胎干细胞不相上下的再生能力。胚胎干细胞是从人类受精后一周左右的胚胎中提取的干细胞，保持了能够分化成成年人体内所有细胞的万能性，同时具有很高的增殖能力。但是，这涉及伦理道德问题。因此，需要从体细胞直接生成具有与胚胎干细胞同等能力的干细胞。2007 年，山中教授等人成功完成了这项研究，证明 iPS 诱导技术可应用于人体细胞。2012 年，山中伸弥因这项研究而获得诺贝尔生理学或医学奖。

寒武纪生命大爆发

地球生命进化史上，在约 5.4 亿年前至 4.85 亿年前的寒武纪，动物界突然爆发性地热闹起来。这就是寒武纪生命大爆发，或寒武纪大爆发。

理论概要

多细胞生物最早出现被认为是在约 9 亿年前的元古代后期，但现在还没有定论。最初的多细胞生物应该是像团藻那样的群体。一根根鞭毛有节奏地移动，整体就会朝一个方向移动。

进化的下一大步，是群体内的细胞之间建立起分工。承担了这个任务的是多孔动物门，如海绵。"门"是"界"以下最大的类别单位，不同门之间的身体形状完全不同。

到了水母和珊瑚等刺胞动物门、栉板动物门，就形成了内外两个胚层。两个胚层被胶质隔开，外胚层覆盖着身体进行保护，内胚层具有消化功能。这种由两个胚层组成的动物叫二胚层动物。二胚层动物都具有辐射对称性，缺乏运动性。

寒武纪以前，动物界只有三个门。但是到了寒武纪，突然出现了 35 个新的动物门，动物界发生了生命大爆发。这 35 个动物门全部都是具有三层细胞组织的三胚层动物（图 10 ）。

三胚层动物的身体上有前后轴，左右对称，方便运动。三胚层动物大致可分为包含昆虫等节肢动物的原口动物和包含人

217

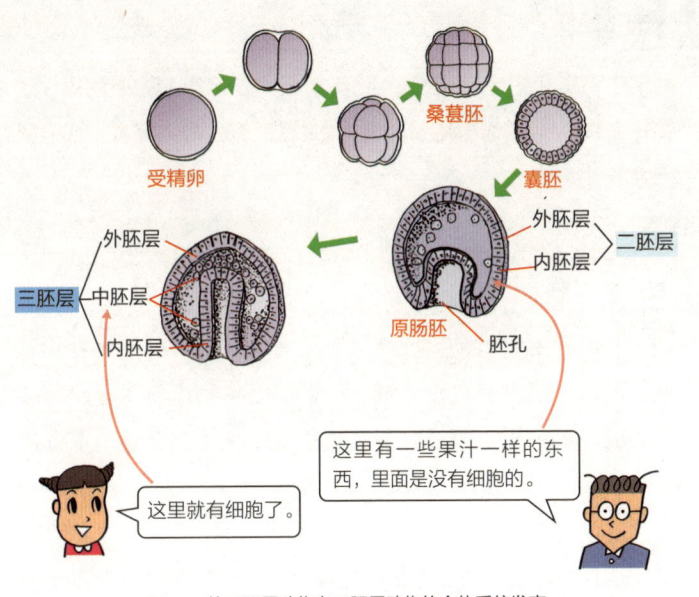

图 10　从二胚层动物向三胚层动物的个体系统发育

类等脊椎动物的后口动物两大类。原口动物在胚胎阶段形成的胚孔直接分化为成体的口。后口动物的胚孔分化为成体的肛门，成体的口则由其他凹口（口道）重新形成。

也就是说，从昆虫到人类，几乎所有动物的"门"，都在寒武纪一下子出现了。由于寒武纪生命大爆发而出现的动物，相当于现在的动物们的祖先。

理论产生的背景

寒武纪生命大爆发长期以来一直受到生物学家们的关注。

达尔文就是非常关注寒武纪生命大爆发的其中一人。尊崇自然选择的力量推动生物逐渐进化这一理论的达尔文，对寒武纪生命大爆发感到费解。但是，即使在今天，达尔文的自然选择说也被认为在表现型的水平上是正确的（图11）。

日本有一位世界知名的群体遗传学家木村资生（1924—1994）提出了分子进化中性学说，认为在 DNA 等分子世界中，变异通过完全不同的机制在群体内扩散。根据中性学说，突变中不利的变异在群体中很快被排除掉，对进化没有贡献。群体中固定的变异大部分是对生存中性的变异，对生存有利的变异极少，中性变异通过机械性漂移在群体中固定下来。

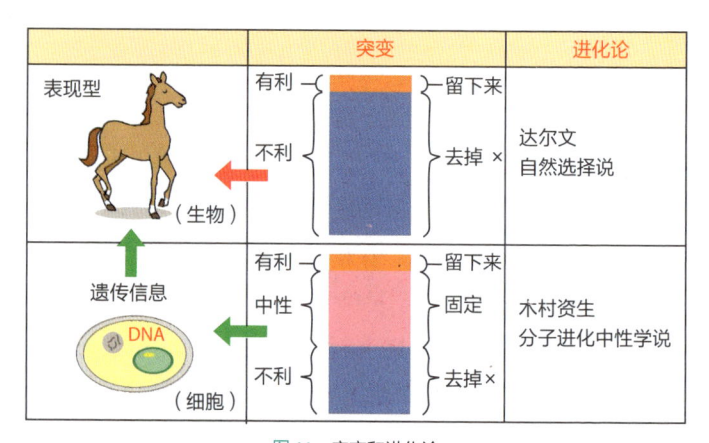

图11 突变和进化论

05

■ 理论的发展

根据最近的研究，在形态多样化的寒武纪生命大爆发的3亿年前，细胞间信息传递和形态形成等多样化所需的基因准备已经完成。在基因层面上，变异也不是慢慢发生的，而是在短期内一下子变化的。使这种变异成为可能的基因多样化机制有两种：一种是进行基因复制的"基因重复"；另一种是将复制后的多个基因或其中一部分组合起来，统合成一个大的基因，形成具有新功能基因的"基因改组"。

这里的问题是分子进化大爆发时，为什么没有爆发形态多样化呢？为什么会晚了3亿年，才在表现型上体现呢？

到了寒武纪，多细胞动物进行活跃代谢所需的自由氧的量（大气含氧量），几乎达到了和现在一样的20%。自由氧量的增加，使得大型动物的出现成为可能。另外，在前寒武纪时期结束时，虽然形成了一个超大陆，但这个大陆逐渐开始分裂，大陆架和海洋浅滩随之出现。这样的环境给动物们提供了新的生态环境。这时既没有原居民，也没有竞争对手，对寒武纪的动物们来说，这是一个生态空荡的环境，足以成为生命大爆发的巨大舞台（图12）。根据最近出现的雪球地球假说，当时的地球反复冻住又解冻。在最后解冻期，冰融化后形成的海洋浅滩为寒武纪的动物们提供了新的生态环境。

超大陆的分裂导致海底火山活动和陆上的化学活动变得活跃起来，海水中溶解了大量的钙和镁。大量的钙对于细胞来说是有毒的。一些生物通过将有毒的钙排出细胞外，形成硬骨架。硬骨架起到支撑大型动物体型的作用。5.4亿年前出现的

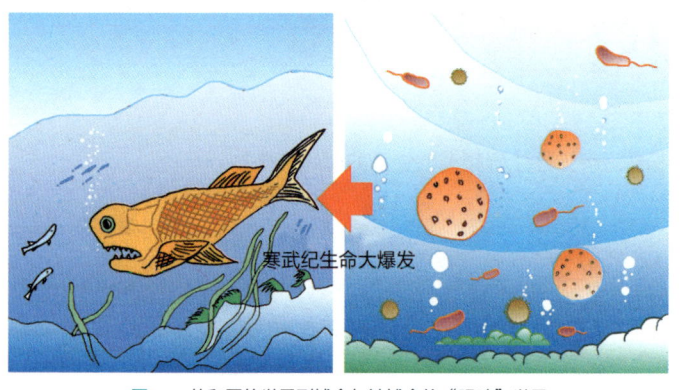

寒武纪生命大爆发

图12 从和平的世界到捕食与被捕食的"眼睛"世界

三叶虫在地球生命进化史上首次产生了大眼睛。随着眼睛的诞生，具有攻击性的捕食者开始出现，于是硬壳成为很好的保护自我的工具。这就是在寒武纪诞生的生物。

在比寒武纪更早的时期，如何高效地摄取物质和能量是生态系统的主导因素。到了寒武纪，世界发生了巨大的变化，变成了捕食与被捕食的生态系统。

花儿为什么会开

植物进行无性生殖和有性生殖的世代交替。

理论概要

　　植物的进化从含有叶绿素、在水中进行光合作用的植物开始。青海苔（即浒苔）是水生植物的代表，它既可以进行有性生殖，也可以进行无性生殖。有性生殖是相当于卵子和精子的两个配子结合后产生下一代的起始细胞，也就是合子。合子相当于受精卵，通过配子结合，遗传物质变成两倍。如果青海苔只是重复有性生殖，那么每重复一个世代，遗传物质就会不断增加。因此，必须进行将遗传物质减半的减数分裂。

　　青海苔的孢子体通过减数分裂产生孢子。孢子是无性生殖的生殖细胞。孢子经过有丝分裂形成能够产生配子的配子体。配子结合形成的合子再经过有丝分裂形成孢子体。再从孢子和合子开始成长为成体，最后死亡。这种有性世代（即配子体世代）和无性世代（即孢子体世代）有规律地相互交替的现象叫世代交替。

　　简单来说，世代交替就是"合子→孢子体→孢子→配子体→配子→合子"这样像环一样的反复循环过程。这就是这个生物的"生活环"。动物则是"合子→配子体→配子→合子"这样的循环，减数分裂在产生配子时进行。

222

生物篇　第10章　生物的进化

　　植物一般会进行世代交替，而动物不会。我们很难理解植物的世代交替，大概因为我们是不进行世代交替的动物吧。

　　青海苔进行减数分裂、无性生殖的孢子体和进行有丝分裂、有性生殖的配子体形状和大小都相同（图13）。对于陆地上的苔藓植物，我们常看到的是它的配子体，具备茎和叶子。其孢子体比配子体要小，形状像小伞一样，在特定时期出现在配子体上。

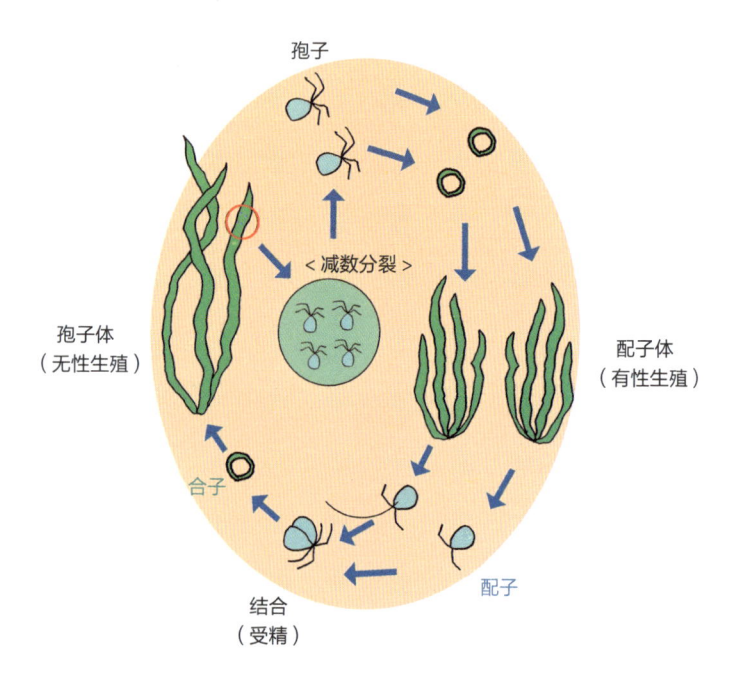

图13　青海苔的生活环

223

如果植物的配子体更加发达，变大变高向空中伸展，重要的生殖器官就会远离大地。但这样一来，就获取不到配子结合所需的水。因此，植物的配子体以小小的比孢子体稍大的苔藓植物形态，伏在潮湿的土地上繁殖。发展到蕨类植物后，与苔藓植物相反，其孢子体就变得更像植物一些，有根、茎、叶；而配子体像小小的叶子一样紧贴在地面上。但是，有性生殖需要水。从这个原则来说，与苔藓植物相比，蕨类植物更加适合有性生殖，它们的孢子体向更加发达的方向进化。因此，在3亿年前的古生代石炭纪，这种蕨类植物的祖先非常繁盛，高度可达25~30米。

但是，进入中生代后，干燥期来临，植物已经不能像苔藓植物和蕨类植物一样依靠水来进行有性生殖了。植物生存下去的对策，是将配子体包进孢子内，使其开花，然后产生种子，将遗传信息传给下一代。也就是，花是从叶子进化而来的。

■ 理论产生的背景

大部分的蕨类植物，无论是什么叶子上都能够形成产生孢子的孢子囊（图14）。也就是说，这些叶子具有通过光合作用产生营养以及产生孢子囊进行繁殖的双重作用。但是，少数蕨类植物有只进行光合作用、面积更大的营养叶和只产生孢子囊、面积更小的孢子叶两种叶子。也就是说，个体维持和种族维持限制了从未分化状态向分化状态进化的过程。这种孢子叶聚集在一起，后来进化成花。

生物篇　第10章　生物的进化

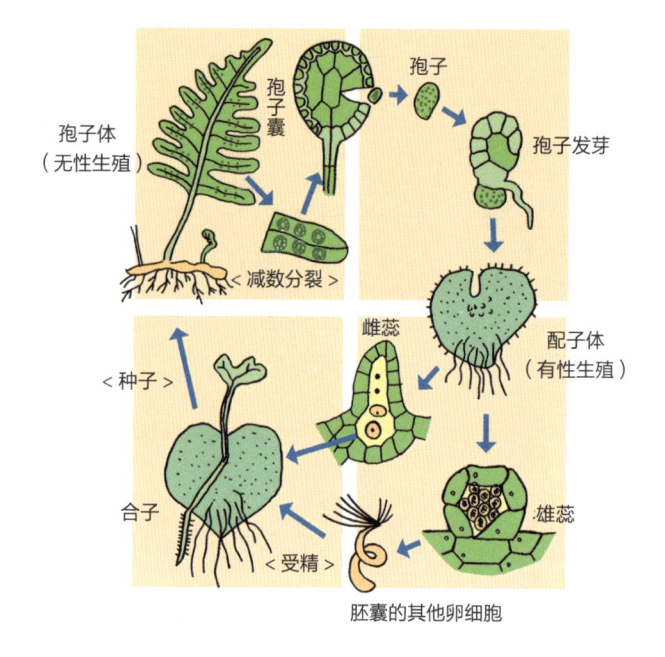

图 14　蕨类植物的生活环

■　理论的发展

　　在蕨类植物的生活环中，配子体被收进孢子内，孢子体 – 配子体的世代交替从表面来看变成了一个孢子体。因此，能够生长的场所有可能进一步扩大。但是，世代交替这个本来的姿态还保存着。无论是雄蕊还是雌蕊，都先进行无性生殖产生孢子，由孢子形成的配子体之间进行有性生殖。就这样逐渐形成了开花种子植物（图15、16）。

225

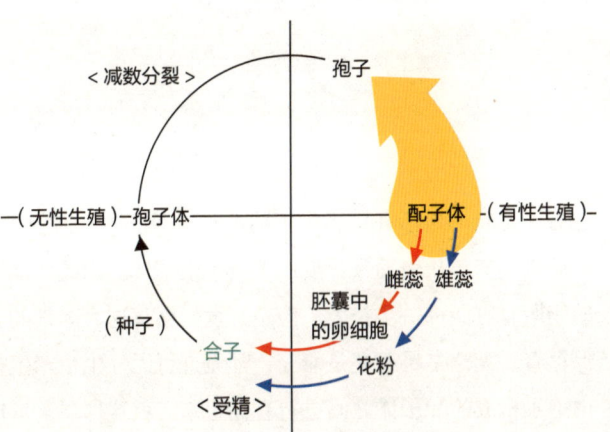

图 15　一般植物的生活环

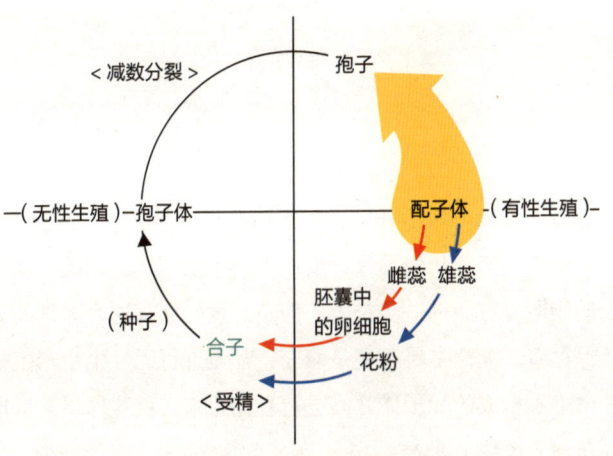

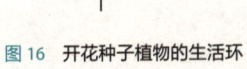

图 16　开花种子植物的生活环

动物的进化和发展

从生命之泉涌出的生命进化之河，穿过山间时出现了动物的大进化。而来到出山口的冲积扇地带后又出现了许多分支，其中大多数潜入了地下，只有两个分支在进化的平原上向前流动。

■ 理论概要

在动物的进化史上（图17），最早出现的三胚层动物是涡虫、吸虫、绦虫等扁平状的扁形动物（图18）。扁形动物的中胚层只有最基本的功能，即填补内胚层、外胚层之间的空间，以及形成生殖细胞及其辅助细胞。但是，中胚层的出现产生了新的问题，那就是中胚层中产生的代谢废物要如何排泄。这个问题使得动物进化出了原始肾脏。

这种排泄器官有助于生物向淡水进军。在海中成长的生物

1	原生动物	单细胞
2	多孔动物	多细胞化，如海绵等水生动物
3	腔肠动物	由内、外两个胚层组成，具有腔肠
4	栉板动物	出现左和右，像梳子一样的动物
5	扁形动物	出现中胚层，形成排泄器官
6	纽形动物	形成肛门和血管

图 17　动物形成和基本形态的进化

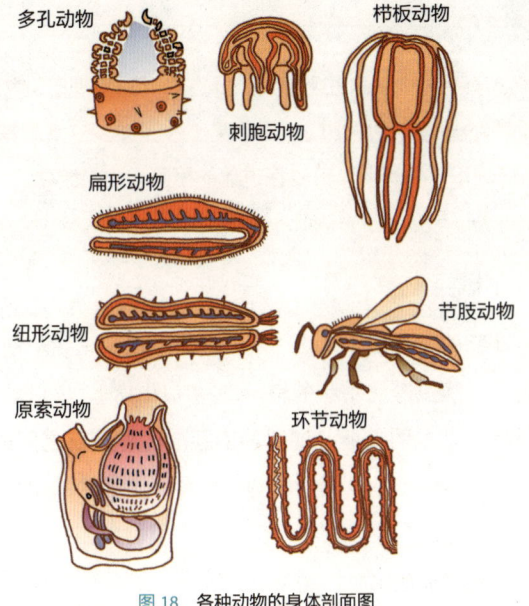

多孔动物　刺胞动物　栉板动物

扁形动物

纽形动物　节肢动物

原索动物　环节动物

图 18　各种动物的身体剖面图

的身体内，盐分浓度接近海水。这些生物来到淡水环境后，受渗透压作用淡水不断进入体内。这时，排泄器官就起到将水排出体外的作用。因此，排泄器官遍布全身。如此一来，扁形动物只要以生活在淡水中的动物为中间宿主，就能够寄生在陆生动物身上。寄生虫只要能够寄生，就能轻松地生存下去，竞争对手也很少。但卵成功到达宿主身上这一过程相对艰难的，因此它们需要产下大量的卵，散布各处。或许是因为这种对生殖的异常热情，很多扁形动物都会变成寄生虫。

　　到了像绳子一样的纽形动物，突然就出现了肛门。在这之前的动物进化阶段，入口和出口都是同一个腔肠。腔肠把口闭上就是一个封闭的管子，是输送营养物、代谢废物、氧气及二氧化碳的通道。

与此相对，到了有肛门的单向通行，食道的各部分一下子就发生了功能分化，如食物的消化部分和吸收部分。但是，食道要成为输送氧气和二氧化碳等所有东西的通道，负担就太重了。于是形成了新的血管，血管形成后，就没有必要像扁形动物那样将排泄器官遍布全身了。血管的某处形成了一个关卡，即肾脏。

纽形动物并不像扁形动物那样对生殖有特别的热情。它们将卵子和精子排到大海，让其自由结合。因此，纽形动物中没有发展成寄生虫之类的动物。

■ 理论产生的背景

动物发展到纽形动物可能才算真正的进化。首先，单细胞生物发生多细胞化，接着产生内外两个胚层，形成腔肠这种消化器官；然后产生左右的区别，将内外两胚层填补起来的中胚层形成，排泄器官也产生了；再接下来就是形成肛门和血管。早期的生物就这样完成了向高等动物进化的基础。

从这里开始，就像从山岳地带奔向平原的川流，一边形成冲积扇、一边朝不同的方向分流而去，动物生存的各种形态也横向发展，百花齐放。

有些动物直到现在也非常适应环境，没有再进一步进化，包括轮形动物、腹毛动物、曳鳃动物、棘头动物、毛颚动物、触手冠动物、棘皮动物、须腕动物、线形动物等。

尽管如此，从进化的冲积扇流向平原的进化之河还是有两条。一条从环节动物开始。环节动物像列车一样有着重复的体节。有些环节动物体节退化，演化成有壳的软体动物，最后发展到无壳的乌贼、章鱼。与此相对，有些环节动物则保留了体节，并且形成节肢，同时采用线形动物的角质层，变成带有外骨骼的节肢动物。昆虫、蜘蛛、虾、蟹等动物空前繁荣起来。但是，它们的大脑设计出现了计算错误。

节肢动物的"大脑"，由位于头部的抑制性脑和位于食道下方的鼓舞性食道下神经节组成（图19）。食道贯穿"大脑"，外侧是结实的角质层。因此"大脑"越发达，食道就会越窄，无法达到产生智能的程度。

节肢动物停留在受到遗传编入的行为方式束缚的状态。

每种环境和生活方式，只能相应地显示一种遗传行为方式。节肢动物的物种数量占动物总体的3/4以上，不仅表现了其优秀性，也表现出制约性。

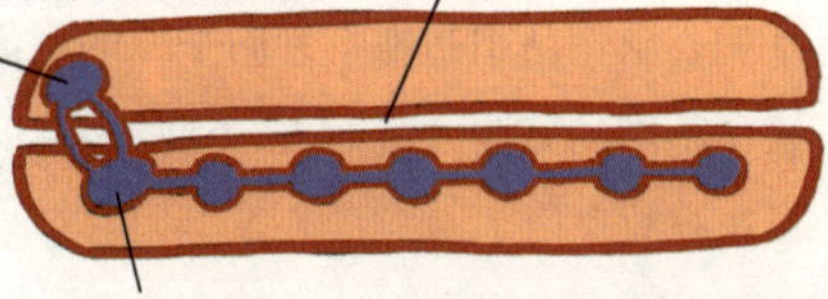

图19 节肢动物的神经系统

理论的发展

除了这种由环节动物向节肢动物发展的外骨骼动物的进化，还有一种内骨骼动物的进化，也就是我们人类自身。这就是从原索动物向脊索动物的进化，更确切地说是从须腕动物开始的进化（图20）。原索动物和脊索动物的共同点是都有大脑，神经不在腹侧，而在背侧。这样，就无须为与食道交叉的两难问题烦恼，大脑可以不断变大。最后进化到人类，并出现了将人类从生物体极限中解放出来的电脑。

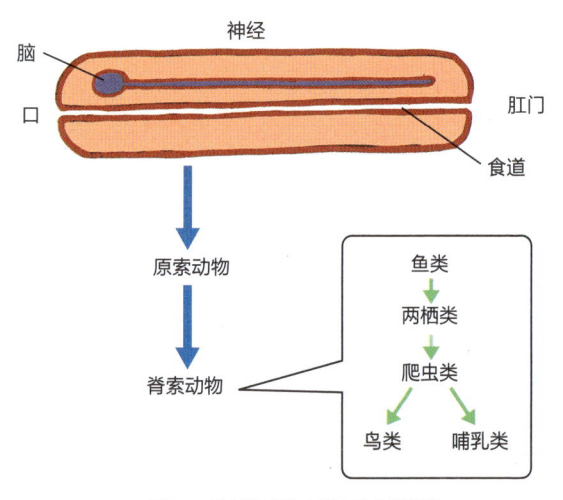

图 20　从须腕动物向脊索动物的进化

第 11 章
从基因组到生态系统

反义基因

反义这个词，实际上包含了重要的技术性意义，以及应用上的
优点。

理论概要

据说美国市场上有能够长时间保存的西红柿。如果在应季
收获，等摆到店铺出售时西红柿就熟过头了，变得软塌塌的。
这是由于西红柿在成熟的过程中，多聚半乳糖醛酸酶（PG）
将保持西红柿硬度的细胞壁分解后引起的。美国的加尔基因
公司，将 PG 基因的"反义基因"导入了西红柿。这个反义基
因，到底是什么呢？

人类等生物的每一个细胞内都有身体的设计图 DNA。
DNA 的结构是两条链像编在一起的丝带一样组合起来。这两
条丝带编在一起的原动力，是腺嘌呤（A）、胸腺嘧啶（T）、
胞嘧啶（C）、鸟嘌呤（G）的碱基对受氢键结合力作用互相拉
扯而产生的。细胞使用 DNA 的信息合成蛋白质时，需要用到
信使 RNA（mRNA）。mRNA 通过 4 种碱基的排列来决定氨基
酸的排列，以制造蛋白质。因此，mRNA 携带的遗传信息可以
说是具有价值和意义的信息（图 1）。

mRNA 与 DNA 不同，通常是单链存在。但是，也能够
和 DAN 一样形成双链。这时是腺嘌呤和尿嘧啶（U，相当于

DNA 的胸腺嘧啶）、胞嘧啶和鸟嘌呤的配对受氢键结合力作用互相拉扯产生的。根据这个规则就可以制造出与 mRNA 形成碱基对的 RNA。这种与对方配对的情况叫互补，与 mRNA 互补的 RNA 就叫反义基因（反义 RNA）。

反义技术是培育能长时间保存的西红柿的关键。美国加尔基因公司导入西红柿的 PG 基因的反义 RNA，它与 PG 基

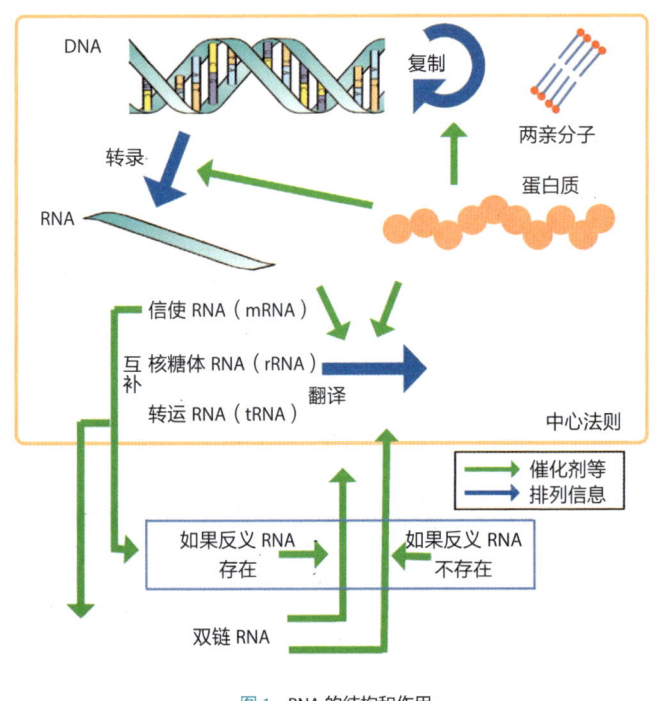

图 1　RNA 的结构和作用

因的 mRNA 聚在一起，变成双链 RNA，这种状态下 mRNA 的基因信息无法使用。并且，变成双链的 RNA 将被 RNA 酶 H 分解。这样保存时间比平常要长很多的西红柿就诞生了（图2）。这种反义技术，不仅能够改良作物的品种，现在在癌症、艾滋病、流感等医疗领域也得到了广泛的应用！

理论产生的背景

1871 年，瑞士医学家弗雷德里希·米歇尔（1844—1895）发现了核酸。在德国留学时，他思考了这样一个问题："如果生物的基本单位是细胞，那么研究细胞内包含的物质就能弄清

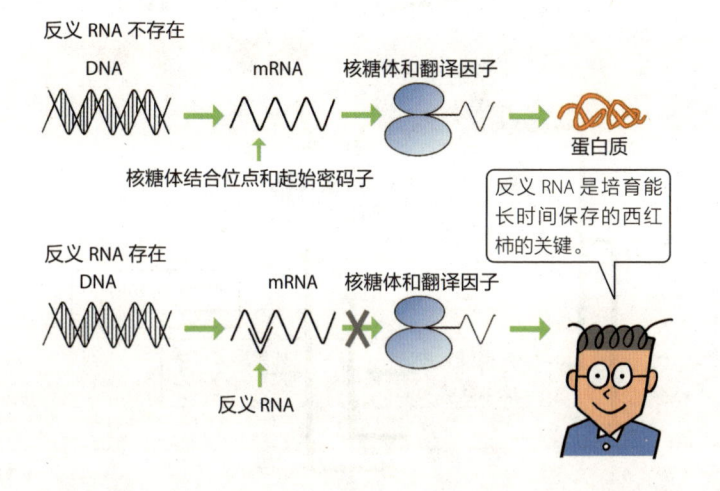

图2　反义 RNA 的作用

生物篇 第11章 从基因组到生态系统

它的功能。"他收集了医院的患者用过的绷带，着眼于附在上面的脓，提取细胞核进行分析，发现了里面有大量含磷的酸性大分子——核酸。但是直到20世纪40年代，人们才注意到核酸是承载遗传信息的物质。构成核酸的基本单位核苷酸只有5种，不可能承担得了那样复杂的遗传信息。大家都认为只有由约20种氨基酸构成的蛋白质，才是承担遗传信息的物质。5种核苷酸的组合，怎么可能写出复杂多样的遗传信息呢？虽然谁都没有想到过，非常不可思议，但这是真的。

到了1952年，赫尔希和蔡斯利用噬菌体证明了储存遗传信息的物质是DNA。由此，DNA才首次被世人承认是遗传信息的载体。接下来1953年，沃森和克里克发表了DNA的双螺旋结构，解开了基因复制之谜。

到了1956年，参与蛋白质合成的信使RNA（mRNA）和转运RNA（tRNA）被发现了。同年，蛋白质与RNA的复合物核糖体被证明是蛋白质合成的场所。

1957年，克里克将这些发现总结起来，提出了"DNA具有的遗传信息，经由RNA发出指令合成蛋白质"的分子生物学的中心法则。

■ 理论的发展

之后，RNA的研究得到进一步发展，到了20世纪90年代中期，科学家对细胞内阻止mRNA翻译的反义RNA技术进行改良，发现了一个非常离奇的现象。这个现象就是将反义RNA本身变成双链后，与反义RNA单链的情况相比，mRNA

的翻译效率受阻更加严重。于是，科学家开始针对这个谜团进行研究。发现细胞内已经存在识别反义 RNA 双链并阻碍翻译的系统。这是谁都没有想象到的。

研究表明，存在一种使用天然的短双链 RNA 的未知基因表达调控系统，在动植物身上广泛存在并发挥着作用。因此，它们是从共同系统进化而来的，短双链 RNA 是生物本身基因

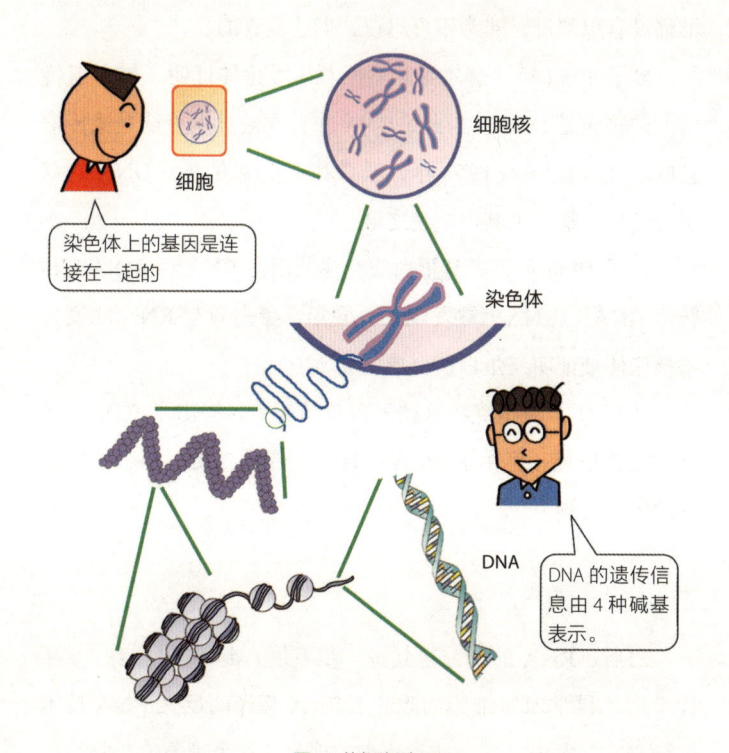

图 3 从细胞到 DNA

表达调控机制。另一方面，具有与双链 RNA 互补的碱基排列的 mRNA 被分解的 RNA 干扰现象，可以认为是生物具备的一种病毒防御机制。这个发现颠覆了世人一直以来坚信不疑的常识，震惊了整个世界。毕竟，之前人们一直认为基因表达是由蛋白质因子来控制的。

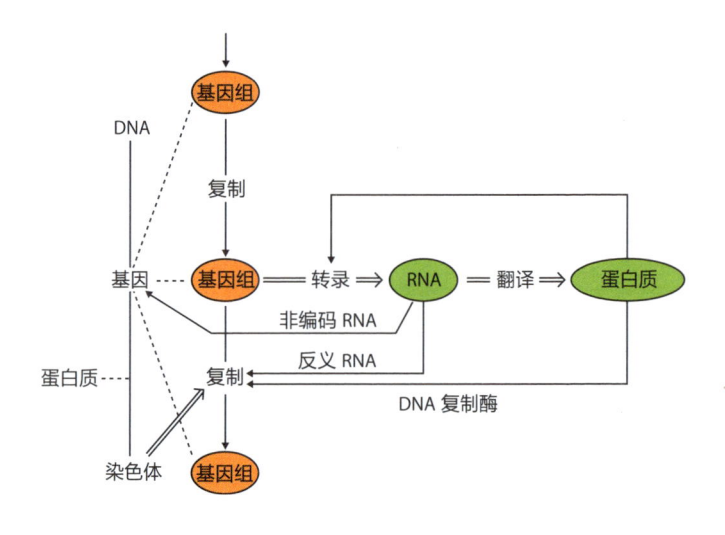

图 4　DNA、基因、基因组和染色体的关系图

发现 RNA 新大陆

这里的居民是非编码 RNA（ncRNA）一族。

理论概要

2004 年 10 月，国际人类基因组测序组织报告称，根据基因组序列预测，转录到 RNA 的部分，也就是所谓的基因有 2.2 万个。顺便说一下，人类基因组由 A、G、C、T 四种碱基连接成链状，碱基对有 30 亿个。这些转录的基因相当于基因组整体的约 2%，即对人类生命有用的基因只有 2%，其他 98% 都是无用的。在这个项目实施之前，科学家预测人类的基因数约为 10 万，项目报告的这个数量少得超出了人们之前的想象。

基因基本上是用来编码（加密）蛋白质的，只要数清人体内的蛋白质，就能推测出基因的数量。基因组计划开始以前人们使用这个方法预测出来的基因数量约有 10 万个。现在报告的基因数量这么少，让人们感到惊讶。但是认为应该从软性视角来理解如何利用现有基因的专家并没有感到惊讶。例如，PAX6 基因虽然作为眼睛形态形成基因很出名，但是它在哺乳动物发育初期也会参与神经管的形成。在进一步的发育过程中，不仅是眼睛，它似乎还会参与面部的形成。最近研究报告表明，在成人体内，它还参与胰岛素 α 细胞的诱导。

像这样，如果一个基因在生物发育的过程中有着各种不同的用途，那么为数不多的基因数量就足以实现形态上的复杂性。并且有些专家认为，应该存在一种重复使用基因的机制。

理论产生的背景

恰好在 2005 年，以日本理化学研究所的林崎良英为代表的国际研究小组，发表了研究报告称，通过对老鼠和人类细胞内产生的 mRNA 进行大规模分析，发现了隐藏的"RNA 新大陆"（图 5）。

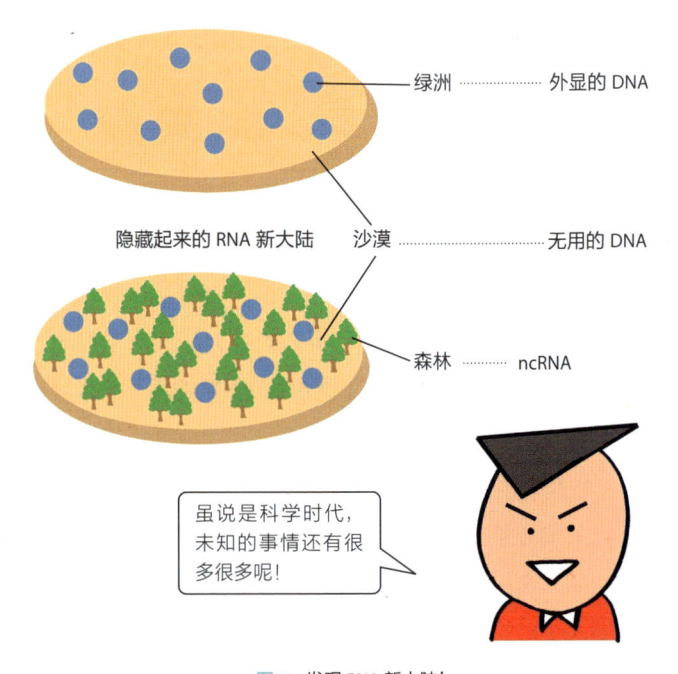

虽说是科学时代，未知的事情还有很多很多呢！

图 5　发现 RNA 新大陆！

研究发现，以前被认为是无用的部分，实际上起到了某种重要作用。全部人类基因组的约 70% 被转录到 RNA。并且人们还发现，其中超过 50% 的 RNA 不产生蛋白质（即非编码 RNA 或 ncRNA），可能独自发挥功能。

在这之前的生命科学领域，人们认为"DNA 制造 RNA，RNA 制造蛋白质，蛋白质制造生物体"这一系列的流程是中心法则。不制造蛋白质、作用不明的无用 DNA 受到轻视。但是这一次无用的 DNA 剧减到整体的约 30%。分析越深入，这部分越少，根据研究小组最新的分析结果，这部分降低到了 18%。

为什么会发生这样的事情呢？国际人类基因组测序组织报告的 2% 这个值，是在电脑上查找基因组序列中具有类似基因序列的部分得出的。如果基因的定义不完整，就得不出正确的结果。转录组分析是将细胞内实际从 DNA 转录到 RNA 的部分顺手收集起来的方法，这种方法更接近真实情况。

RNA 新大陆的发现，迫使人们对"只有制造蛋白质的东西才是基因"这个狭义概念进行重新思考。研究小组将能制造 RNA 的部分喻为"森林"，不能制造 RNA 的部分喻为"沙漠"。基因的定义，不再是是否制造蛋白质，而是扩展到"制造 RNA 的东西"。

在以往的印象中，基因像广阔沙漠中的绿洲一样分散在基因组上。研究小组描绘的基因组的真面貌，则是森林与森林之间存在着小小的沙漠。

理论的发展

72% 的 RNA 是从 DNA 的双链复制过来的，这对从发育、分化到各种疾病的生命活动有着巨大的影响。

双链的碱基中 A 与 G（RNA 是 A 与 U）、T 与 C 一一对应，如果一方的复制是正义，另一方就是反义的。如果双方被同时读取，RNA 就变成双链，不能制造蛋白质。要制造蛋白质，必须是单链。因此，正义和反义的比例发生变化，目标蛋白质的产量就会随之变化。基因表达以 ncRNA 为媒介，通过 ncRNA 控制蛋白质。是的，这的确颠覆了此前大家都深信不疑的基因表达由蛋白质因子承担这个常识。

由于这个发现，1980 年前后稍微引起了关注，之后被遗忘的小 RNA 的研究复活了。现在被统称为 ncRNA 的这些 RNA，在动植物身上广泛存在，相关的分析研究是后基因组时代最受关注的课题。

以为是没用的东西，实际上起到了重要作用，真让人高兴。

基因组印记

两性互相合作，开发出确保后代存活的机制，哺乳动物就出现了。

■ 理论概要

包含人类在内的哺乳动物，具有防止孤雌生殖或单性生殖的机制，这种现象被称为基因组印记或遗传印记。在对这点进行说明之前，有些情况需要提前了解一下。

受精卵不断进行细胞分裂，数量增加，分化成构成皮肤或者眼睛等器官的体细胞时，会将不使用的基因锁起来，否则很可能产生分化前的状态。锁住基因的方法，有DNA甲基化等。

身体不断成长，为生殖做准备，从体细胞产生原始生殖细胞时，附在DNA上的甲基被去掉。这叫"去甲基化"。之后，直到生殖细胞（精子和卵子）形成为止的这段时间，有几个特别的基因被锁起来。这就是基因组印记，它是生殖细胞诞生时被印在基因组上的终生印记。精子和卵子各自受到印记的基因种类不一样，这是因为它们被DNA甲基化锁住的基因不同。

会进行基因组印记的，除了本节开头介绍过的哺乳动物，还有被子植物和昆虫等生物。去甲基化和基因组印记组合在一起被称为"重新编程"（图6）。胚胎要顺利发育，精子和卵子

244

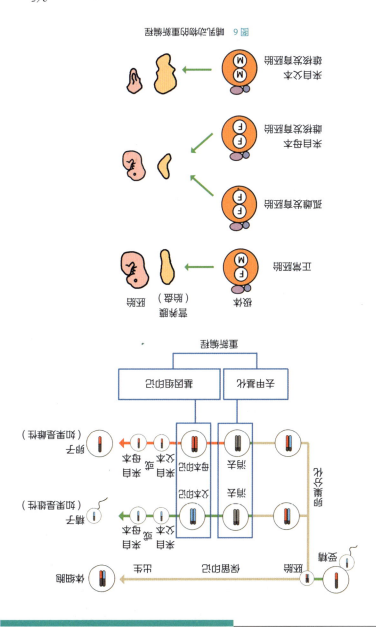

图 6 哺乳动物的重新编程

必须分别接受合适的重新编程，然后通过受精合二为一。哺乳动物如果不通过精子和卵子的受精集齐父母的基因组，就不能正常发育。

■ 理论产生的背景

基因组印记有对生存不利的一面。哺乳动物的体细胞是拥有来自父本和母本染色体的二倍体，多数基因在双方的染色体是同等地体现出来的。因此，即使从双亲中的一方遗传了隐性遗传病的致病基因，如果另一方能够正常作用，这种遗传病也不会发病。像这样拥有二倍体细胞，对生物来说有很大的好处。

但是基因组印记是只有在某一组基因来自父本或母本时才会表达的机制。这样的印记基因有着二倍体结构，但其功能和一倍体类似。因此，哺乳动物如果不通过精子和卵子的受精使双方的基因组一致，就不能正常发育。

为什么哺乳动物身上会存在这种舍弃了二倍体优点的基因表达机制呢？既然这种机制至今仍保存在哺乳动物身上，那么就应该具有超过隐性遗传病发病代价的好处。

■ 理论的发展

基因组印记是在1984年发现的。在那之后，关于它在生物学上的意义，科学家们发表了各种不同的假说。例如，东京医科齿科大学难治疾患研究所表观遗传学领域的石野史敏提出了"哺乳动物获得胎盘这个新的组织和功能时发生的基因表达系统（结构）的变化，与基因组印记的建立有关"的"新胎盘假说"，以及与让所有基因表达出来的机制相关的"互补假说"。

哺乳动物以外的鸟类和爬虫动物等高等脊椎动物身上看不到基因组印记。它们身上与哺乳动物印记基因相同的基因，在来自亲本的对立基因上同等地体现出来。而且也不是所有的哺乳动物都有基因组印记，有基因组印记的哺乳动物包括袋鼠等有袋类，以及包含人类、老鼠在内有胎盘的真兽类。不过，虽然有袋类被认为没有胎盘，但实际上与真兽类的绒毛膜胎盘相比，有袋类有着由功能不完整的卵黄囊变化而来的胎盘。

哺乳动物中最原始的单孔目，只有鸭嘴兽和针鼹两个科，是卵生动物，目前还没有发现基因组印记。

植物将对宇宙的梦想
寄托在人类身上

植物让动物帮忙传播花粉和种子。

■ 理论概要

生物之间有着各种各样的相互关系。同种生物一般为了守护自己的物种而相互协作。但即便是同种生物，同性之间也会为了争夺交配权而进行竞争。

异种生物之间经常是捕食关系，经常被描述为弱肉强食。但是，有些异种生物也会跨物种相互协作。这种关系可能是动物与动物之间，也可能是动物与植物之间，包括共生和协同进化。共生的异种生物有着密切关系，在生活中相互给对方带来好处。而异种生物之间分别在对方的影响下发展至性状变异的状态，就是协同进化。

一个比较好的例子，是名为块茎蚁巢木（图 7）的茜草科植物与一种虹臭蚁属蚂蚁的协同进化。块茎蚁巢木生长在东南亚，茎从呈球状的膨大基部伸出，附生在树干上，是槲寄生的一种。成长后会变干，变成迷宫一样的空洞，可提供给蚂蚁当作巢穴。并且，这种植物开花后，花蜜腺会分泌花蜜提供给蚂蚁。与此相对，蚂蚁不仅守护这种植物不被其他昆虫入侵，排在巢穴内的排泄物还可以变成植物的肥料。植物的种子形成

248

生物篇 第11章 从基因组到生态系统

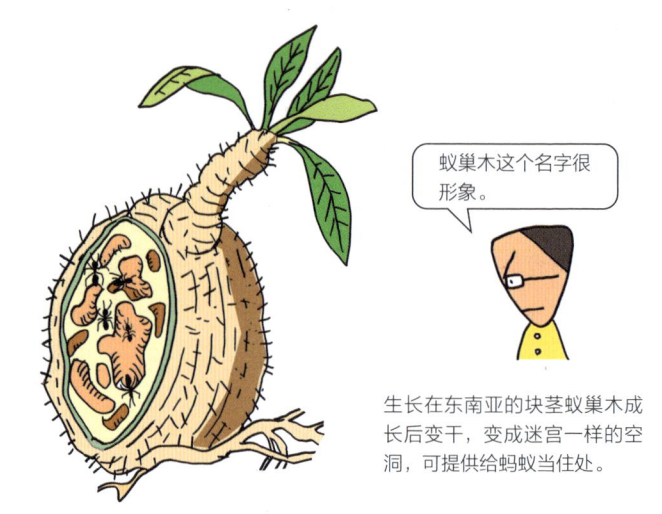

蚁巢木这个名字很形象。

生长在东南亚的块茎蚁巢木成长后变干，变成迷宫一样的空洞，可提供给蚂蚁当住处。

图7 块茎蚁巢木

后，蚂蚁会用嘴衔住散播到各处。

那么，这种协同进化是怎么开始的呢？并不只是具备大脑的蚂蚁在"创造"，植物也通过比蚂蚁更"智慧"的创造性，使得性状发生了变异。

■ 理论产生的背景

只要有阳光、水、空气及土壤，就算没有动物，植物也能够繁殖下去。的确也有虫媒植物要靠鸟和哺乳动物传播种子。

白垩纪后半期，显花植物中的被子植物开始繁荣起来，出现了花朵。与此同时，一些肉食性捕食蜂进化成将花粉和花蜜储存起来作为幼虫食物的蜜蜂。反过来，蜜蜂能使风媒植物产

249

生花蜜变成虫媒植物吗？

植物用颜色和气味将蜜蜂吸引过来后，从花粉渗出花蜜。花蜜呈液体状，热量很高，并且易于储存，是蜜蜂喜欢的食物。

接着，植物逐渐进行改良，将花蜜储存在雄蕊的底部，让花粉能够更容易附在蜜蜂的身体上；并且让花朵本身长得小小的，减少蜜蜂单次采集的蜜量，以让蜜蜂尽可能频繁地造访更多的花朵，这也是植物的主导权。而对动物来说，花朵更大、蜜量更多的话效率更高。

无论是花蜜，还是种子周围的果肉，都是为了让动物传播花粉和种子而支付的"报酬"。一些被子植物甚至用"盒子"一样的东西将种子包住，种子的周围有一种发芽抑制物质，如果不通过动物体内而直接掉落的话，种子是不会发芽的。这意味着这个盒子只有动物才能打开。

还有一种方法是让种子附在哺乳动物的体毛上。这类物种的种子很轻，具有倒刺，能够附在野兽的体毛上。当被野兽身上散发的湿气浸润后，刺就会伸展种子掉落到地上。这是植物设法利用哺乳动物的方法。对动物而言没有任何负担。这是植物单方面的努力，并不算协同进化。

■ 理论的发展

动物，尤其是哺乳动物中的猴子，只能生活在植物创造的世界里，无论是含氧的大气还是它们吃的食物。猴子是食与住都完全依赖植物的动物。从这个角度来说，由猴子进化而来的

250

生物篇　第11章　从基因组到生态系统

人类可以说是"由植物创造的"。

　　人类总算能够客观看待自己生活的世界，以及包含这个世界的宇宙。植物寄托在人类身上的这种"梦想"是什么呢？日本猿猴中心的研究员三户幸久认为，"并不只是人类在仰望着星空。植物在数亿年的时间里，也一直在仰望着星空。植物梦想着将生存范围拓展到宇宙，并将这个梦想寄托在人类身上。"（图8）

图8　猴子、植物应该都和人类有着同一个梦想

251

人类是全新的生物群

地球生命体孕育着星之子。

理论概要

19 世纪中叶，西方人认为人类受到造物主的特别优待，是这片大地的主人。但是达尔文在《物种起源》中指出，人类与其他动物类似，特别是与类人猿是极端的近亲关系。然而，根据基准的不同，也不能说很相近。人类与类人猿的生活方式有着决定性的差异。因为它们的社会与我们的社会不同，象征语言并不发达。

人类在约 10 万年前，从非洲出发，迁移到世界各地，爆发性地繁荣起来。扩散到全球的人类没有多样分化，而是保存了同一种生物学上的物种。

地球生态系统所具备的条件是：以赤道为中心，向两极分布着大致平行于纬度的温度递减带，还存在着对生物传播造成巨大障碍的海洋、高山、沙漠，以及地球历史上海陆分布的变迁（图 9）。在这些条件中，对植物的障碍是温度，而对动物的障碍则是植物区系和海洋。然而，对于人类，这些都没有成为障碍。像人类这样，以单一物种分布在全世界多样的环境中，在过去的生物历史上是空前的。

人类将所有哺乳动物做过的事情，凭一己之力全部完成

252

生物篇 第11章 从基因组到生态系统

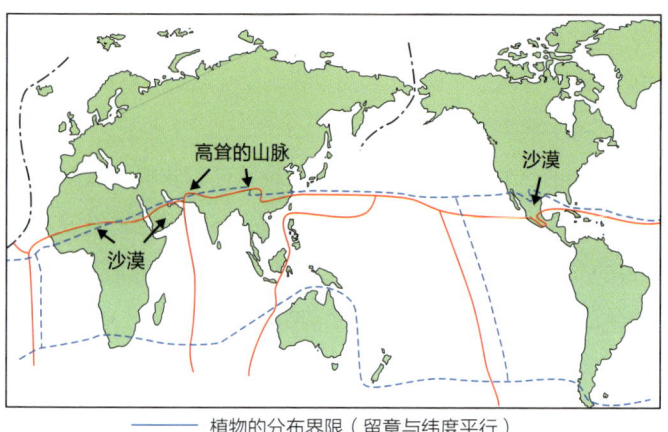

———— 植物的分布界限（留意与纬度平行）
----- 动物的分布界限（留意受地形影响）

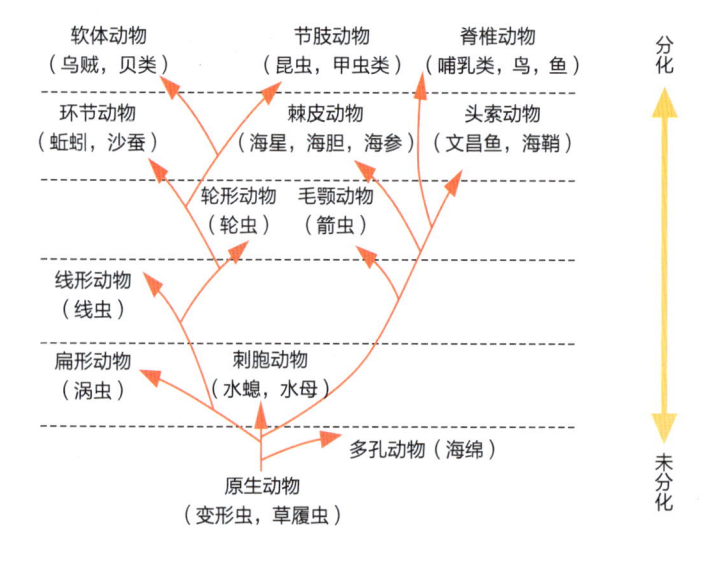

图9 动植物的分布矩形与进化系统

253

了。能获得空前的进化与发展是因为人类拥有顽强的适应能力。这正是基于高可塑性的大脑皮质进化产生的多样行动方式。从这个意义上来说，"人类可以说是全新的生物群"（筱原圭三郎《生物学的基础》）。

动物的食物形态从碎片发展到块状，营养摄取效率提高了，感觉器官等的发达使营养获取的方法也朝着多样化及与此相应的高效化进化。到了人类，达到了动物的营养摄取方法的最高阶段，并进一步发展到质变的阶段。

首先是烹饪，其次是工业发展实现了食物的合成。在地球40多亿年的历史中，食物合成在地球生态系统中是进行光合作用的绿色植物的使命。人类的营养摄取方法进化到最后，踏入了绿色植物的领域。

此外，人类还会使用工具。虽然有些人类以外的动物也会使用原始工具，但它们在能够根据目的制造工具这一点上与人类有着决定性的不同。并且，工具的使用意味着人类获得了传给后代的除了身体以外的遗传性状。

生物进化的历史，是生活领域不断扩大的过程。人类以前在陆地上活动，现在生活圈不仅扩大到了空中、海洋、地下，甚至扩大到大气层以外。

理论产生的背景

地球上所有的生物都具有三个特性。第一个是进行物质交替的能量转换系统。第二个是自动控制系统。身体受伤后，伤口会愈合或再生。生物体内的功能有很多酶参与，产生复杂的化学反应，但本质上是由简单的反馈系统构成的。第三个是信息传递系统。所有的生物都会进行自我复制和自我增殖。信息由 DNA 承载，构成多细胞生物的所有细胞的信息相同。这些信息的表达是在能量转换系统和自动控制系统的作用下进行的。这三个基本特性不仅通过细胞和个体进行，也是生物群体的特性。

地球生态系统和食物链等，整体上是能量转换系统。另外，生物群的变动等生态系统根据反馈进行的调整，是具有高度缓冲作用的自动控制系统。并且地球生态系统本身从简单向复杂进化的过程中，作为物种群体一直传递着遗传信息并发展到现在。

■ 理论的发展

从月球上看，海洋、大陆、大气等构成地球的各个要素并不是分离的。地球看起来就是这些要素全部有机组合起来的一颗星星，被称为一个系统。东京大学教授松井孝典认为，地球这个系统中的"人类圈"，是约 1 万年前人类开始农耕畜牧时形成的。

随着工业革命的开展，人类进入了工业社会。人类圈开始脱离原始的地球系统（图 10）。人类开始合成食物，将工具系统化，变成机械。化石燃料的使用使得能量转换系统加速发展。将机械系统与这种体外能量利用结合起来，人类迫切希望踏出地球。全球变暖或许就能迫使机械 - 人类系统走向太空。

人类对语言的使用能够将自己没有直接经历过的事情吸

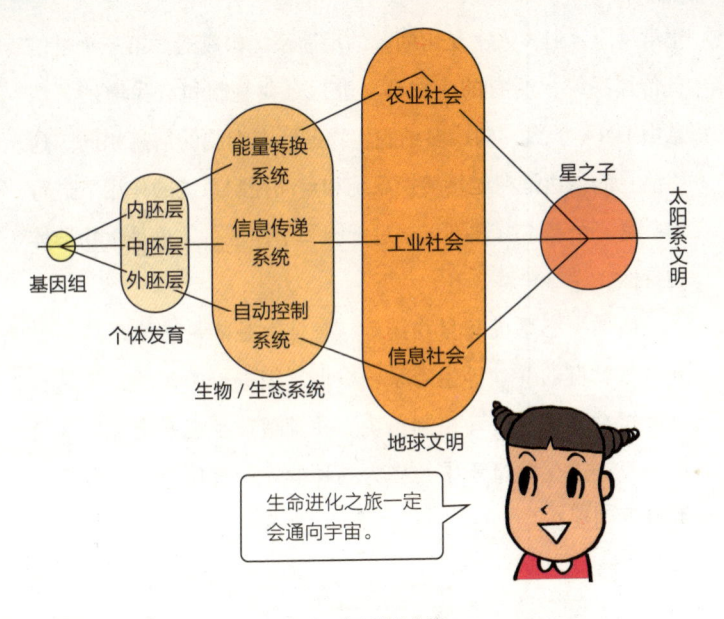

图 10　生命进化之旅

收为自己的经验，信息累积，语言变成驱动人的手段。信息传播系统传播的信息，延伸到地球之外，扩展到宇宙中，被人类共享。

信息量的爆发式增长促使代替大脑的机器——计算机——这种新的自动控制系统的诞生。地球外诞生的机械 - 人类系统，光有能量转换系统和信息传递系统是不够的，还必须有自动控制系统。

在这个独立的机械 - 人类系统中，能量转换系统是内胚层，信息传递系统是中胚层，自动控制系统是外胚层。地球生命体由此走向宇宙，成为星之子。

256